Pflanzenschnitt

AUTOR: HANSJÖRG HAAS

Inhalt

4 Pflanzenschnitt-Praxis

20 Pflanzen-Porträts

Extras

Pflanzenschnitt-Praxis

Zier- und Obstgehölze sind langlebige Gäste im Garten. Wenn Sie sie zur richtigen Zeit und auf die richtige Art schneiden, entfalten sie viele Jahre ihre Pracht. Etwas Know-how zur Wuchsrhythmik und zur Reaktion der Gehölze auf den Schnitt helfen dabei.

Der richtige Schnitt hält Gehölze fit

Gehölze dienen im Garten unterschiedlichen Zwecken: Ziersträucher wie Spiräe, Flieder oder Rosen bereichern durch ihre Blüte. Bäume wie Ahorn oder Thuja verleihen dem Garten durch ihre unverwechselbare Gestalt Struktur. An Rankgerüsten gezogene Kletterpflanzen sowie Hecken sind perfekte Raumteiler. Und Obstgehölze wie Apfelbaum oder Johannisbeerstrauch liefern leckere Früchte.
Damit Gehölze diese Funktionen über viele Jahre erfüllen können, brauchen sie regelmäßig einen Schnitt. Er erhält ihre Vitalität, indem er den natürlichen Alterungsprozess der Gehölze unterbricht, und sorgt dafür, dass sie sich richtig entwickeln.

› Bei Ziergehölzen regt der Schnitt die Blütenbildung an und unterstützt den natürlichen Wuchs.
› Auch bei Kletterpflanzen erhält der richtige Schnitt die Blühfreudigkeit. Obendrein sorgt er dafür, dass sie von unten her nicht verkahlen.
› Streng geschnittene Hecken oder Formschnittgehölze brauchen einen Schnitt, damit sie ihre Form behalten und durchgehend dicht bleiben.
› Bei Obstgehölzen sorgt der Schnitt dafür, dass sie über Jahre viele hochwertige und gesunde Früchte bilden.

Jedes Gehölz hat seinen Rhythmus

Gehölze wachsen und altern unterschiedlich stark und schnell. Dieser Wuchsrhythmus bestimmt, wie oft und wie stark Sie schneiden müssen. Spiräen beispielsweise vergreisen schnell und brauchen einen jährlichen Schnitt, ein Ahorn kommt dagegen über Jahre ohne Schnitt aus. Wenn Sie verstehen, wie ein Gehölz wächst und wie es auf den Schnitt reagiert, können Sie die richtigen Schnittmaßnahmen wählen und dafür sorgen, dass Ihre Gehölze viele Jahre lang fit und vital bleiben.

Der Saftdruck steuert das Wachstum

Gehölze bestehen aus einer Krone und einem Wurzelstock. Die Wurzel nimmt Wasser und Nährstoffe aus dem Boden auf und leitet diese an die oberirdischen Triebe weiter. Außerdem speichert sie Zucker und Reservestoffe, die im Sommer in den Blättern entstehen. Im Frühjahr drückt die Wurzel diese Stoffe in die Triebe – der sogenannte Saftdruck steigt, und das Gehölz beginnt wieder zu wachsen. Wenn Sie jetzt schneiden, tropft oft Saft aus den Schnittstellen, die Pflanze »blutet«. Sobald sich die ersten Blätter gebildet haben, versiegt der Saftdruck. Jetzt verdunsten die Blätter Wasser, und es entsteht ein Sog, der den Wasser- und Nährstoffstrom nach oben »zieht«. Wenn Sie bei einem Schnitt im Sommer Triebe mit Blättern entfernen, entfällt an dieser Stelle der Sog, und die Wunden bleiben trocken.

Wie ein Schnitt im Frühjahr wirkt

Wenn Sie im Frühjahr schneiden, entfernen Sie einen Teil der Knospen. An der Schnittstelle bildet sich ein sogenannter Saftstau. Die Reservestoffe aus der Wurzel werden in die verbliebenen Knos-

Der oberirdischen Krone eines Baums liegt immer auch eine entsprechend große Wurzelkrone in der Erde gegenüber. Beide stehen im Gleichgewicht miteinander.

pen »gepumpt«. Weil sich die Reservestoffe nun auf weniger Knospen verteilen, bilden diese stärkere und längere Triebe. Je stärker der Frühjahrsschnitt ausfällt, umso stärker ist also der Austrieb. Doch wenn Sie zu stark schneiden, produzieren Sie ein Ungleichgewicht zwischen Wurzel und Krone. Es bilden sich sehr lange, instabile Triebe, da das Gehölz den Unterschied wieder ausgleichen will. Auch der Schnittzeitpunkt beeinflusst den Austrieb: Je zeitiger Sie im Frühjahr schneiden, umso mehr Reservestoffe kann die Wurzel noch ausschütten und umso stärker regt der Schnitt das Wachstum an.

Der Saftdruck steigt nach oben

Sowohl im Gehölz als auch im einzelnen Trieb ist der Saftdruck oben am größten. Die obersten Triebe treiben deshalb am stärksten aus. Ähnlich ist es im einzelnen Trieb. An steil wachsenden Trieben treiben die obersten Knospen am stärksten aus, nach unten werden die Austriebe immer schwächer. Wachsen Triebe eher waagerecht, verteilt sich der Saftdruck gleichmäßiger auf die Trieblänge. Auf der Oberseite wachsende Knospen treiben aber auch hier kräftiger aus als die auf der Unterseite. Hängen ältere Triebe nach unten über, treiben die Knospen an der höchsten Stelle, dem Scheitelpunkt, am stärksten aus.

Veredelte Gehölze

Fast alle Obstbäume, Rosen und einige Ziergehölze sind veredelt. Die Edelsorte ist auf den Wurzelstock einer anderen Sorte aufgesetzt. Diese Unterlage hat andere Eigenschaften als die Edelsorte. Sie reguliert unter anderem die Wuchsstärke. Bei Obstgehölzen veredelt man Edelsorten auf unterschiedlich stark wachsenden Unterlagen, je nachdem, ob man Spindelbäumchen oder Hochstämme will.
Die Veredlungsstelle liegt immer über der Erde, nur bei Rosen liegt sie unterirdisch. Bilden sich unterhalb der Veredlungsstelle sogenannte Wildtriebe, reißt man sie in noch grünem Zustand aus.
Wichtig Um die Edelsorte zu erhalten, schneidet man veredelte Gehölze nur über der Veredlungsstelle.

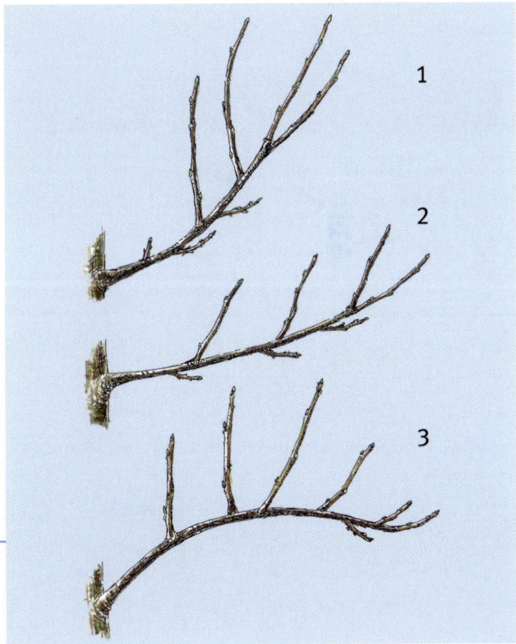

Die obersten Knospen treiben immer am stärksten aus, unabhängig davon, ob der einzelne Trieb aufrecht (1), schräg (2) oder überhängend (3) wächst.

Das Alter der Triebe und Triebformen

Die verschiedenen Gehölze bilden Blütenknospen bzw. Früchte an unterschiedlich alten Trieben. Bei vielen sitzt das wertvollste Blüten- oder Fruchtholz ausschließlich an jungen Trieben, bei anderen auch an älteren Trieben. Um richtig zu schneiden, müssen Sie deshalb das Alter der Triebe erkennen können.

Wie alt ist ein Trieb?

Solange ein Trieb im ersten Sommer in die Länge wächst, sprechen wir von einem »diesjährigen« Trieb, er ist noch unverzweigt und bildet stetig neue Blätter. Bei manchen Gehölzen, wie Hibiskus, sitzen zusätzlich Blüten in den neuen Blattachseln. Sobald dieser Trieb im Herbst sein Wachstum abgeschlossen hat, gilt er als »einjährig«. Er ist zwar noch kein Jahr, aber zumindest eine Wachstumsperiode alt. Er ist immer noch unverzweigt und steht meist im äußeren Bereich des Gehölzes.
Am Ende des nächsten Sommers hat sich der Trieb verzweigt und wird als »zweijährig« bezeichnet. Bei vielen Gehölzen bilden diese Triebe das schönste Blüten- und Fruchtholz. Die Verzweigungen setzen sich in den nächsten Jahren fort. Ist ein Trieb drei Jahre alt und älter, spricht man von »altem Holz«.

Wuchsform: vom Baum zum Strauch

Neben der Blütenbildung ist für die Stärke des Schnitts auch die Wuchsform der Gehölze wichtig. Während bei Bäumen der Mitteltrieb mit Stamm über Jahre das Wachstum dominiert, liegt bei Sträuchern der Wuchsschwerpunkt nahe am Boden. Sie bilden immer wieder neue Triebe aus dem Wurzelstock, die dafür schneller altern und absterben.

› Am schnellsten geschieht dies bei den sogenannten Schösslingssträuchern wie Ranunkelstrauch, Bauernhortensie oder Himbeere. Sie bilden jedes Jahr zahlreiche neue Bodentriebe, bauen jedoch kaum ein dauerhaftes Gerüst auf. Ihre Triebe sterben teils schon nach zwei Jahren wieder ab. Bei dieser Gruppe entfernt man jährlich alle Triebe, die älter als zwei Jahre sind.

Einjährige Triebe sind fast immer unverzweigt (1). Zwei- (2) und dreijährige Triebe (3) sind bereits verzweigt. Diese Verzweigung setzt sich von Jahr zu Jahr fort.

Die Zaubernuss (rechts) blüht an vorjährigen Knospen, Sommerflieder (links) ausschließlich an der Spitze diesjähriger Triebe.

Wird ein Strauch nicht regelmäßig bodeneben ausgelichtet, vergreisen die Gerüsttriebe. Gleichzeitig wachsen keine jungen Bodentriebe mehr nach.

› Auch Spiräen treiben beständig Neutriebe aus dem Boden, bilden aber ein schwaches Gerüst. Einzelne Bodentriebe lässt man bis zu drei Jahre stehen.

› Felsenbirne sowie Bäume bauen stabile Gerüste auf. Sie bilden immer weniger neue Bodentriebe, der einzelne Trieb ist lange vital. Solche Gehölze schneidet man nur alle drei bis vier Jahre.

Lang- und Kurztriebe

Bei Gehölzen unterscheidet man Lang- und Kurztriebe. Langtriebe sind über 10 cm lang. Kurztriebe maximal 10 cm. Langtriebe sind bei Schösslingssträuchern oder Gehölzen mit kurzlebigem Gerüst erwünscht, denn sie tragen die Blütenknospen. Allerdings altern sie sehr schnell – sie vergreisen und bilden dann keine Blüten mehr. In Bäumen, deren Stamm und Krone lebenslang erhalten bleiben, sind Langtriebe dagegen unerwünscht. Denn dort bilden sie meist Steiltriebe (→ Seite 19), die die gleichmäßige Kronenentwicklung behindern. Bei Sträuchern mit schwachem Gerüst wie Spiräen weisen Kurztriebe auf Vergreisung hin. Sie blühen kaum noch und sterben teilweise ab. Bei Sträuchern mit stabilem Gerüst wie Felsenbirnen sowie bei Bäumen sind Kurztriebe dagegen erwünscht. Sie bilden das Blütenholz. Natürlich können auch hier Kurztriebe nach einigen Jahren vergreisen – man erkennt dies an starken Verzweigungen, es entstehen sogenannte »Besen« oder »Köpfe«.

Welches Holz blüht am **schönsten?**

Sommer- oder Herbstblüher bilden ihre Blüten an diesjährigen Trieben. Dazu gehören Hibiskus, Sommerflieder, viele Kübelpflanzen und herbsttragende Himbeeren. Andere Himbeeren, Brombeeren, Pfirsich, Spiräe oder Mandelbäumchen blühen an einjährigen Langtrieben. Apfel, Kirsche und ihre Zierformen blühen, ebenso wie Zaubernuss oder Flieder, auch an älteren Trieben.

Schnittformen und Schnittführung

Die Art des Schnitts von Gehölzen hat einen maßgeblichen Einfluss auf die Stärke des Neuaustriebs. Dabei gibt es vier Grundformen von Schnitten, die den Austrieb unterschiedlich stark anregen: Einkürzen, Umlenken, Verschlanken und Auslichten.

Einkürzen: starker Austrieb

Unter Einkürzen versteht man den Rückschnitt eines einjährigen Triebs. Die Schnittstelle liegt im Außenbereich des Gehölzes, wo der Saftdruck am stärksten ist. Je stärker man einkürzt, umso größer ist der Durchmesser der Schnittstelle, weil Triebe an ihrer Basis dicker sind als an ihrer Spitze. Zugleich verringert sich die Anzahl der verbleibenden Knospen. Beides bewirkt einen stärkeren Austrieb. Im Extremfall treiben aus nur noch wenigen Knospen überlange, instabile Triebe aus.
Eingekürzt werden Triebe von Gehölzen, die am diesjährigen Trieb blühen, wie Hibiskus, Lavendel, Sommerflieder, Gerüsttriebe beim Erziehungsschnitt von Obstgehölzen sowie Triebe beim Pflanzschnitt wurzelnackter, also ohne Erdballen verkaufter Gehölze (→ Seite 14/15).

Einkürzen: Einjährige Triebe treiben ohne Schnitt (1) weniger aus als bei mittlerem (2) oder starkem (3) Schnitt.

Umlenken: schwacher Austrieb

Beim Umlenken schneidet man den Haupttrieb auf einen weiter innen entspringenden Seitentrieb zurück. Bei alten Trieben mit vergreisten, überhängenden Triebspitzen weist die neue Triebfortsetzung nach oben und außen. Bei Jungtrieben, die steil wachsen, lenkt man auf einen Trieb um, der schräg nach außen steht. Der neue Trieb wirkt wie ein »Blitzableiter«: Er nimmt mit allen Knospen den durch den Schnitt erhöhten Saftdruck auf. Der Neuaustrieb ist deshalb schwächer als beim Einkürzen.

Verschlanken und Auslichten

Beim Verschlanken bleibt ein Trieb erhalten, man entfernt nur seine Seitentriebe. Man verschlankt vor allem konkurrierende Triebe im Außenbereich des Gehölzes. Das können einjährige und mehrjährige Triebe sein. Das Gehölz behält eine lockere Gestalt, und das Innere erhält genug Licht. So bleibt das Blüten- oder Fruchtholz vital. Verschlanken regt das Wachstum am wenigsten an. Bei Sträuchern mit kurzlebigen Bodentrieben wie Spiräe und Johannisbeere entfernen Sie ältere Triebe direkt am Boden. Dies nennt man Auslichten. Dieser Schnitt regt die Bildung von Neutrieben aus der Wurzel an.

EINKÜRZEN Es führt zu vermehrtem Austrieb und regt das Wachstum am stärksten an. Bei zu starkem Einkürzen verlieren Gehölze ihre natürliche Gestalt.

UMLENKEN Dabei bleibt ein weiter innen stehender, nach außen weisender Seitentrieb erhalten. Austrieb und Wachstum werden geringer angeregt als beim Einkürzen.

VERSCHLANKEN Dabei bleibt die ursprüngliche Triebfortsetzung erhalten, entfernt werden nur Seitentriebe. Beim Auslichten werden Bodentriebe vollständig entfernt.

Die richtige Schnittführung

Wenn man richtig schneidet, entstehen am Trieb nur kleine Wunden, die schnell heilen. Beim Einkürzen einjähriger Triebe führen Sie den Schnitt leicht schräg von der Knospe weg. Setzt man den Schnitt zu dicht an der Knospe an, trocknet sie ein. Lassen Sie aber auch keinen zu langen Stumpen stehen: Er trocknet ein und wird nicht von Wundgewebe überwachsen. Um den richtigen Abstand zu finden, legen Sie den Daumen der freien Hand auf die Knospe und setzen die Schere direkt über dem Daumennagel an.

An der Basis älterer Triebe befindet sich ein kleiner Wulst, der Astring. In ihm konzentriert sich teilungsfähiges Gewebe, das die Wundheilung unterstützt. Hier schneiden Sie knapp über dem Astring und führen den Schnitt leicht schräg nach unten und außen, sodass der Wulst erhalten bleibt. Schneidet man unterhalb des Astrings, entfernt man das teilungsfähige Gewebe und verletzt den Haupttrieb.

Vermeiden Sie Schnittwunden, die erheblich größer sind, als der verbleibende Trieb dick ist – solche Wunden sind zu groß und heilen schlecht.

Wie die Wundheilung funktioniert

Unter der Rinde von Gehölzen liegt eine dünne Schicht, das Kambium. Es ist für die Zellteilung und -vermehrung und damit für das Dickenwachstum und die Wundheilung verantwortlich. Das Kambium sorgt an einer Wunde für vermehrtes Wachstum. Dieses Wundgewebe bildet den Sommer hindurch einen Wulst aus, der die Wunde von außen nach innen überwächst und schließt. Bei großen Wunden kann dies mehrere Jahre dauern. Je glatter die Wundränder sind, umso schneller heilt die Wunde. Ausgefranste Ränder oder Aststumpen werden nur schwer überwallt – deshalb glättet man die Ränder mit einem Messer und entfernt Stumpen.

Gleichzeitig schottet das Gehölz Wunden ab, indem es im Holz unterhalb der Schnittstelle eine Trennschicht bildet. Diese Aktivitäten finden nur zwischen Anfang Mai und Ende September statt, zwischen Herbst und Frühjahr kann die Pflanze Bakterien und Pilze nur ungenügend abwehren.

Verstreichen Sie Wunden nicht, damit sie atmen können. Nur bei empfindlichen Gehölzen verstreicht man die Wundränder, damit sie nicht eintrocknen.

Auf Schnittzeiten achten

Den idealen Schnittzeitpunkt für alle Gehölze gibt es nicht. Je nach Blütenbildung, Wuchsrhythmus und Empfindlichkeit müssen Sie die Schnittzeiten differenzieren. So gibt es von Januar bis Ende September immer etwas mit der Schere im Garten zu tun.

Nicht vor Januar schneiden

Grundsätzlich gilt, dass Sie zwischen Oktober und Mitte Januar auf den Schnitt verzichten sollten. Wenn Sie zu dieser Zeit schneiden, können von der Schnittstelle ausgehend einzelne Knospen oder ganze Triebe erfrieren. Auch bei Frost unter –5 °C sollten Sie niemals schneiden, die Triebe sind dann gefroren und brechen an oder unterhalb der Schnittstelle aus.

Wie oft schneiden?

Grundsätzlich ist es von Vorteil, jedes Jahr zu schneiden. Vor allem Gehölze, deren Blüten- und Fruchtholz schnell altert, bleiben durch einen regelmäßigen Schnitt vital. Dies gilt in erster Linie für Sträucher, die ihre Blütenknospen hauptsächlich an dies- oder einjährigen Trieben ausbilden, wie Clematis, Sommerflieder, Spiräen, Rosen, Beerenobst, Pfirsich, Aprikose und Sauerkirsche.
Bei Gehölzen mit langlebigerem Blütenholz finden sich die besten Blütenknospen an zwei- bis dreijährigen Trieben. Beispiele sind Felsenbirne, Schneeball, Forsythie, Zierapfel, Apfel oder Süßkirsche. Bei ihnen ist ein Schnitt eigentlich nur alle drei bis vier Jahre nötig. Trotzdem sollte man sie jährlich schneiden, weil man dann relativ wenig schneiden und nur kleinere Triebe entfernen muss. Schneidet man dagegen nur alle paar Jahre, bilden sich bei großen Gehölzen starke Triebe. Kleine Sträucher werden sehr dicht und vergreisen schnell. Der Schnitt fällt dann viel massiver aus. Bei großen Sträuchern sind sogar oft aufwendige Sägearbeiten notwendig. Die Pflanzen reagieren mit starkem Wachstum. Es dauert zwei bis drei Jahre, bis sich wieder ein Gleichgewicht zwischen Wurzel und Krone einstellt und sich das Wachstum beruhigt.

Schneiden Sie öfterblühende Rosen kurz vor dem Austrieb. Schneidet man zu früh, trocknen die Triebe oft ein.

Im Frühjahr blühende Gehölze schneiden Sie direkt nach der Blüte. Die nachwachsenden Jungtriebe bilden die Blütenknospen für das nächste Jahr.

Schnittempfindliche oder starkwüchsige Gehölze schneidet man im Sommer. Das bekommt den Pflanzen besser und beruhigt das Wachstum.

Frühjahrsschnitt

Während man in Gegenden mit Weinbauklima ab Ende Januar mit dem Schnitt beginnen kann, wartet man in kälteren Regionen besser bis Ende Februar. Ab Ende Januar bis Mitte März baut sich der Saftdruck in den Gehölzen auf. Gleichzeitig sind längere Frostperioden seltener. Die Gefahr des Erfrierens wird geringer. Ein früher Schnitt in dieser Zeit regt das Wachstum stärker an als ein später Schnitt Ende März. Frostempfindliche Gehölze schneiden Sie besser erst im späten Frühjahr bei Austriebsbeginn. Dazu gehören Lavendel, Salbei, Sommerflieder und Pfirsich. In kühlen Lagen kann der Schnitt je nach Art bis in den April dauern.

Nach der Blüte schneiden

Frühjahrsblüher legen ihre Blütenknospen schon im Vorjahr an. Wenn Sie diese Gehölze vor der Blüte schneiden, entfernen Sie einen Großteil der Blütenknospen. Forsythie, Felsenbirne, Spiräe und Mandelbäumchen schneidet man deshalb grundsätzlich direkt nach der Blüte. An den neu wachsenden Trieben entwickeln sich dann die Blütenknospen für das folgende Jahr.

Sommerschnitt

Unter dem Sommerschnitt versteht man Schnitte nach der Laubentfaltung von Juni bis Mitte September. Ein Sommerschnitt beruhigt das Wachstum: Es werden Blätter entfernt und deshalb weniger Reservestoffe gebildet. Der Austrieb im nächsten Frühjahr ist schwächer. Außerdem ist ein Sommerschnitt sehr pflanzenverträglich, denn nach der Blattentfaltung versiegt der Saftdruck fast völlig – ab Juni durchgeführte Schnitte bluten deshalb nicht. Die Wunden bleiben trocken. Und weil bei hohen Temperaturen der Stoffwechsel der Gehölze sehr aktiv ist, können sich Wunden jetzt schnell abschotten und sich vor Krankheitserregern schützen. Vor allem schnittempfindliche Gehölze sollte man deshalb nur im Sommer schneiden. Dazu gehören Ahorn, Aprikose, Goldregen und Walnuss.

Für jedes Alter der richtige Schnitt

Je nach Alter und Entwicklungsstand eines Gehölzes schneidet man anders. Man unterscheidet Pflanz-, Erziehungs-, Erhaltungs- und Verjüngungsschnitt.

Für einen guten Start: der Pflanzschnitt

Der Pflanzschnitt gleicht bei wurzelnackten Gehölzen den Wurzelverlust aus, der beim Ausgraben in der Baumschule entstanden ist. Die häufigste Schnittform hierbei ist das Einkürzen. Mit der Richtung der obersten Knospe geben Sie vor, in welche Richtung die Triebe weiterwachsen sollen. Bei Gehölzen mit Ballen schneidet man weniger stark. Entfernen Sie quer wachsende und schwache Triebe. Je schwächer ein Gehölz ist, umso stärker muss der Pflanzschnitt sein, damit das Wachstum angeregt wird.

In Form mit dem Erziehungsschnitt

Der Erziehungsschnitt bringt ein Gehölz im Lauf der ersten ein bis fünf Jahre in seine optimale Form.

› Entfernen Sie zuerst ins Innere wachsende Triebe. Dann verschlanken Sie an den neuen Triebverlängerungen entstandene Konkurrenztriebe und lassen nur eine Fortsetzung stehen. Kürzen Sie Jungtriebe nicht mehr ein, außer es handelt sich um diesjährige blütenbildende Triebe oder die Gerüsttriebe von Obstgehölzen (→ Seite 10).

› Bei Spiräen und ähnlich wachsenden Gehölzen mit kurzlebigen Gerüsttrieben lichten Sie ab dem dritten Jahr die ältesten Bodentriebe aus.

› Bei Ranunkelstrauch und Himbeere entfällt der Erziehungsschnitt, weil sie kein langlebiges Gerüst ausbilden.

Vital durch den Erhaltungsschnitt

Mit dem Erhaltungsschnitt an einem »erwachsenen« Gehölz bremsen Sie übermäßiges Wachstum, ersetzen vergreistes Blüten- und Fruchtholz und bewahren die Vitalität. Je nach Wuchsform gilt es, junge Triebe aus dem Boden – bei Spiräe, Hortensie, Johannisbeere – oder im Kronenbereich – bei Ahorn, Flieder, Apfel – vital zu halten und zu fördern. Je regelmäßiger Sie schneiden, desto leichter geht Ihnen der Schnitt von der Hand, weil Sie dann nur wenig schneiden müssen. Die häufigsten Schnittformen sind beim Erhaltungsschnitt Umlenken, Verschlanken und Auslichten (→ Seite 10/11). Bei Sträuchern führen Sie den Erhaltungsschnitt jährlich durch. Bei Gehölzen mit langlebigem Gerüst reicht es, wenn Sie alle zwei bis drei Jahre schneiden.

Beim Pflanzschnitt entfernen Sie an wurzelnackten Gehölzen schwache Triebe, starke kürzen Sie stufig ein.

Verjüngungsschnitt

Ohne einen regelmäßigen Erhaltungsschnitt altert ein Gehölz nach einiger Zeit. Blütenfülle und Fruchtqualität lassen nach. Mit einem Verjüngungsschnitt revitalisieren Sie das Gehölz.

› Bei Sträuchern mit kurzlebigem Holz oder bei Rosen lichten Sie überalterte Triebe vollständig bodeneben aus und lassen jüngere Triebe als Ersatz stehen.

› Bei Gehölzen mit stabilem Gerüst lenken Sie vergreiste Triebspitzen auf junge Triebe um. Dann verschlanken Sie die Triebspitzen. Eine massive Verjüngung regt das Wachstum stark an. Verteilen Sie bei stark vergreisten Gehölzen den Verjüngungsschnitt besser auf zwei bis drei Jahre. Das Gehölz wächst dann ruhiger, und seine Form bleibt eher erhalten.

Mein Tipp In den Jahren nach der Verjüngung ist ein regelmäßiger Erhaltungsschnitt wichtig.

ERZIEHUNGSSCHNITT Beim Erziehungsschnitt entfernt man nach innen weisende sowie steil wachsende Triebe vollständig. Bilden sich an den Triebenden Gabelungen oder quirlige Austriebe, lassen Sie nur einen Trieb als neue Fortsetzung stehen. Er sollte in der Mitte nach oben weisen. Fortsetzungen von Seitentrieben sollten gleichmäßig nach außen weisen.

ERHALTUNGSSCHNITT Beim Erhaltungsschnitt von Sträuchern lichtet man ältere Bodentriebe aus. Überhängende oder vergreiste Triebenden lenken Sie auf weiter innen stehende Jungtriebe um. Dann verschlanken Sie diese Jungtriebe, sodass der Strauch seine natürliche Gestalt bewahrt. Je kurzlebiger der einzelne Trieb ist, umso regelmäßiger muss man den Erhaltungsschnitt durchführen.

VERJÜNGUNGSSCHNITT Bei stark vergreisten Sträuchern lichten Sie vergreiste oder abgestorbene Bodentriebe vollständig aus. So fördern Sie Jungtriebe aus dem Wurzelstock. Vergreiste Triebspitzen lenken Sie dann auf jüngere, schräg nach außen wachsende Jungtriebe um. Sind diese bereits verzweigt, verschlanken Sie diese. Bei Bedarf setzen Sie im nächsten Jahr die Verjüngung fort.

Hecken schneiden

Formale Hecken sind architektonische Elemente, die Spannung in den Garten bringen. Dafür eignen sich langlebige Gehölze, die einen regelmäßigen Schnitt gut vertragen. Hecken schneidet man am besten zwischen Ende März und Juli in bewölkten Perioden, damit Blätter oder Nadeln keinen Sonnenbrand bekommen. Achten Sie beim Pflanzen von Hecken immer auf ausreichende Grenzabstände.

Pflanzschnitt

Laubgehölzhecken schneiden Sie im Frühjahr nach der Pflanzung stark zurück. Dadurch entsteht ein Saftstau an den Schnittstellen, der Jahre anhalten kann und die Wuchskraft der unterhalb stehenden Triebe dauerhaft anregt (→ Seite 6/7).
Nadelgehölzhecken kürzen Sie nach dem Pflanzen zurückhaltender ein. Schneiden Sie die Seitentriebe nur leicht in Form und kürzen Sie die Mitteltriebe um 5–10 cm auf eine Höhe ein.

Erziehungsschnitt

In den ersten Jahren schneidet man die gewünschte Heckenform in kleinem Maßstab vor und vergrößert sie von Jahr zu Jahr. Das Geheimnis einer dichten Hecke liegt in der starken Verzweigung.
Fördern Sie diese in den ersten zwei bis drei Jahren jährlich durch mehrmaliges Einkürzen. Ist die Endgröße erreicht, genügt meist ein jährlicher Sommerschnitt.

Verjüngungsschnitt

Überalterte Laubgehölz- oder Eibenhecken kann man verjüngen. Laubgehölzhecken wie Hainbuche schneiden Sie im Frühjahr auf ein Viertel der vorgesehenen Endhöhe zurück und bauen sie schrittweise wieder auf. Bei Eibe oder Laubgehölzen mit dicken Stämmen verjüngen Sie über drei Jahre. Im ersten Jahr kürzen Sie im späten Frühjahr eine Seite bis fast zu den senkrechten Gerüsttrieben ein. Im zweiten Jahr schneiden Sie die Oberseite auf 50 cm unter der gewünschten Endhöhe zurück. Im dritten Jahr kürzen Sie die zweite Seitenfläche ein und bauen die Hecke in Stufen wieder auf.

Legen Sie die Form einer Hecke von Anfang an fest, und bauen Sie sie in Stufen Jahr um Jahr ein Stück weiter auf.

HECKE IN KLASSISCHER TRAPEZFORM Diese Hainbuchenhecke wurde in den ersten Jahren mehrmals jährlich geschnitten, also eingekürzt. Dadurch haben sich im Innern viele Verzweigungen gebildet, die bewirken, dass auch die unteren Bereiche zuverlässig dicht bleiben. Wächst eine so geformte Hecke stark, schneidet man sie zweimal jährlich. Bei älteren Hecken oder solchen, die moderat wachsen, reicht ein jährlicher Schnitt im Sommer meist aus.

HECKEN VERJÜNGEN Beim Verjüngungsschnitt wird eine Laubgehölz- oder Eibenhecke stark eingekürzt und mit jungen, dünnen Trieben wieder aufgebaut. Das hat den Vorteil, dass später keine dicken Triebe das Schneiden behindern. In der ersten Stufe der Verjüngung wird eine Seite der Eibenhecke bis an die Gerüsttriebe zurückgeschnitten. Im zweiten und dritten Jahr folgen die Ober- und Rückseite. Dann wird neu aufgebaut.

THUJAHECKEN VERJÜNGEN Hecken aus Thuja oder Scheinzypresse treiben bei einem Schnitt nur im benadelten Bereich zuverlässig wieder aus. Schneidet man sie ins alte Holz zurück, trocknen die Seitentriebe oder Stumpen ein und bleiben dauerhaft kahl.

So korrigieren Sie Schnittfehler

Wenn Sie das Wuchsverhalten der Gehölze kennen, lassen sich viele Schnittfehler beheben.

Zu häufiges Einkürzen

Problem Wachsen Gehölze stärker als gewünscht, werden häufig außen und oben im Gehölz Jungtriebe eingekürzt oder ältere Triebe einfach gekappt. Geschieht dies bei Frühjahrsblühern vor der Blüte, entfernen Sie die Blütenknospen, und das Gehölz blüht kaum noch (→ Abb. 1). Bei zu häufig eingekürzten Obstgehölzen können sich keine zweijährigen Triebe ausbilden. Gerade diese tragen aber bei Apfel, Birne, Süßkirsche und vielen Zwetschgensorten die Blütenknospen; Früchte bleiben aus (→ Abb. 2). An den vielen Schnittstellen bildet sich ein Saftstau, lange Jungtriebe sind die Folge. Zu häufiges Einkürzen verkehrt also das angestrebte Verkleinern der Pflanze in das Gegenteil: Das Wachstum wird angeregt. Wenn Sie solche Schnitte mehrere Jahre durchführen, bilden sich Besen, und die Sträucher verkahlen an der Basis.

Korrektur Entfernen Sie bei Sträuchern zuerst einige Triebe bodeneben, um die Gehölzbasis aufzulockern. Anschließend lichten Sie Besen oder Köpfe auf nur einen kräftigen Trieb als neue Fortsetzung aus. Wenn möglich, entfernen Sie den ganzen Kopf, indem Sie auf einen weiter innen stehenden Trieb umlenken. Kürzen Sie einjährige Triebe nicht ein! Flache Triebe, die sich dem neuen Haupttrieb unterordnen, dürfen verbleiben.

1 Kürzt man Sträucher zu häufig ein, entstehen Langtriebe, die nach einigen Jahren Besen bilden. Zudem gehen dabei die Blütenknospen verloren.

2 Kürzt man bei Obstbäumen Jungtriebe regelmäßig ein, bilden sich keine zweijährigen Triebe mit Blütenknospen. Das Wachstum wird stark angeregt.

Radikales Kappen

Problem Um das Gehölz zu verkleinern, wurden ältere Triebe einfach gekappt. Solche Triebe besitzen keine Seitentriebe, die den Saftdruck aufnehmen. Das Endstück trocknet meist 5–10 cm weit ein. Unterhalb bilden sich aus Knospen unter der Rinde (schlafende Augen) überlange Triebe. Sie sind nicht stabil mit dem Haupttrieb verwachsen und können ausbrechen. Zudem ist die natürliche Gestalt der Pflanze zerstört (→ Abb. 3).

Korrektur Entfernen Sie eingetrocknete Triebspitzen bis zu einem nach außen weisenden Jungtrieb. Entfernen Sie Konkurrenztriebe und nach innen weisende Triebe.

Eintrocknende Triebstumpen

Problem Beim Umlenken eines Triebs wurde ein Stumpen stehen lassen (→ Abb. 4). Der Stumpen trocknete ein. Die Wunde kann sich nicht schließen und ist eine Angriffsfläche für Pilze und Bakterien.
Korrektur Entfernen Sie den eingetrockneten Stumpen bis zum lebenden Gewebe. Der Wundgewebewulst darf dabei nicht verletzt werden.
Wenn Sie einen kräftigen Haupttrieb auf einen kleineren Seitentrieb umlenken, können Sie einen solchen Zapfen auch mit Absicht stehen lassen, um das Eintrocknen ins alte Holz zu verhindern. Erst wenn der verbliebene Seitentrieb dicker ist als die Schnittstelle, entfernen Sie den Zapfen bis zum lebenden Holz. Die Wunde wird dann schneller überwachsen.

Instabile Schlitzäste

Problem Bei Gehölzen wie Ahorn, Kirsche, Walnuss oder Zwetschge entstehen oft Steiltriebe, sogenannte Schlitzäste (→ Abb. 5). Sie wachsen in einem steilen Winkel zum Haupttrieb, sind nicht stabil mit diesem verwachsen und reißen leicht aus.
Korrektur Entfernen Sie solche Triebe frühzeitig.

Lästige Wildtriebe

Problem Bei veredelten Gehölzen entstehen immer wieder Wildtriebe (→ Abb. 6). Werden diese nicht entfernt oder lediglich am Boden eingekürzt, vergreist die Edelsorte zusehends.
Korrektur Entfernen Sie Wildtriebe im ersten Sommer in noch grünem Zustand. Reißen Sie sie aus der Erde aus, damit keine Knospen für einen Neuaustrieb verbleiben. Bei mehrjährigen Wildtrieben graben Sie den Boden ein Stück auf und entfernen sie an der Wurzel. Für das Gehölz ist diese Maßnahme im Sommer am verträglichsten.

3 Gekappte Gehölze verlieren ihre natürliche Gestalt, entstehende Neutriebe sind nicht stabil mit dem Haupttrieb verwachsen. Die Schnittstellen faulen meistens.

4 Triebstumpen trocknen meist ein und werden nicht vom Wundgewebe überwallt. Damit sich die Wunde schließt, entfernt man den Stumpen bis zum gesunden Gewebe.

5 Schlitzäste können leicht ausbrechen. Sie sind gut an den zwei klar gegeneinander abgegrenzten Wülsten auf der Oberseite des Triebs zu erkennen.

6 Wildtriebe sollte man so bald wie möglich gründlich entfernen, weil sie stärker wachsen als die Edelsorte. Versäumt man dies, vergreist die Edelsorte.

Pflanzen-Porträts

Der richtige Schnittzeitpunkt, die richtige Schnittform und eine gekonnte Schnitttechnik garantieren, dass Ihnen Ihre Zier- und Obstgehölze viele Jahre Freude machen. Gutes Werkzeug und übersichtliche Anleitungen lassen den Gehölzschnitt gelingen.

Zier- und Obstgehölze schneiden

Viele Gartenfreunde kennen diese Situation: Selbst wenn man die Grundlagen des Pflanzenschnitts verstanden hat, steht man doch immer wieder unsicher mit der Schere vor einem Zierstrauch oder einem Obstgehölz. Schneidet man nun den Flieder vor oder nach der Blüte? Braucht die Sauerkirsche einen anderen Schnitt als die Süßkirsche? Die folgenden Porträts der beliebtesten und häufigsten Zier- und Obstgehölze zeigen deshalb, wann und wie Sie die jeweiligen Arten so schneiden, dass Forsythie, Sommerflieder oder Clematis üppig blühen und Apfel, Zwetschge oder Himbeeren reichlich Früchte tragen.

Fragen führen zum richtigen Schnitt

Bevor Sie zur Schere greifen, sollten Sie sich etwas Zeit nehmen und für jedes Gehölz folgende Fragen beantworten:

- Wann ist der richtige Schnittzeitpunkt? Das hängt nicht nur von der Gehölz-Art ab, sondern auch davon, ob das Wachstum angeregt oder eher gebremst werden soll.
- In welcher Lebensphase und in welchem Zustand befindet sich die einzelne Pflanze? Blüht sie noch reichlich, und ist das Fruchtholz noch vital? Ist sie gesund und gut ernährt?

Wenn ein Gehölz noch jung ist, braucht es oft einen Erziehungsschnitt. Hat es sich schon gut entwickelt, ist dann über viele Jahre meist nur ein Erhaltungsschnitt notwendig. Er ist deshalb in den Porträts vorrangig berücksichtigt. Ist ein Gehölz schon älter oder wurde der Schnitt einige Jahre versäumt, ist ein Verjüngungsschnitt angebracht.
Mit diesen Fragen finden Sie die jeweils optimale Schnittform. So werden sich die Gehölze in Ihrem Garten über viele Jahre bestens entwickeln.

Spiraea-Arten und -Sorten

Spiräe, frühjahrsblühend

WUCHS locker, breit aufrecht, Triebe überhängend | **HÖHE** 1–3 m | **BLÜTEZEIT** April–Juni

Frühjahrsblühende Spiräen tragen ihre Blüten an einjährigen Langtrieben, man schneidet sie deshalb nach der Blüte. Bis zum dritten Jahr fördern Sie junge Bodentriebe, indem Sie sie verschlanken, schwache Bodentriebe entfernen Sie. **Erhaltungsschnitt** Ab da lichten Sie jährlich nach der Blüte ein Viertel der ältesten Triebe bodeneben aus und lassen als Ersatz Jungtriebe stehen. Bei den verbliebenen Bodentrieben lenken Sie verzweigte Spitzen auf einen weiter innen stehenden Jungtrieb um. **Verjüngungsschnitt** Ohne Schnitt entwickeln Spiräen ein Dickicht. Zum Verjüngen entfernen Sie bis zu drei Viertel der Triebe bodeneben. Die übrigen Triebe verschlanken Sie. Im nächsten Jahr verjüngen Sie weiter und lassen junge Bodentriebe als Ersatz stehen.

Forsythia × intermedia

Forsythie, Goldglöckchen

WUCHS breit aufrecht, Seitentriebe überhängend | **HÖHE** 1–3 m | **BLÜTEZEIT** März–Mai

Forsythien entwickeln ihre schönsten Blüten an zweijährigen Langtrieben mit einjähriger Seitenverzweigung. Nur im Weinbauklima blühen sie auch zuverlässig an einjährigen Langtrieben. **Erhaltungsschnitt** Kürzen Sie unverzweigte Langtriebe nicht ein, ansonsten würden sie nur wieder mehrere Langtriebe und keine Verzweigungen produzieren. Zu lange Ruten kürzen Sie bereits als diesjährige Triebe bis Mitte Juli um die Hälfte ein. Entfernen Sie nach der Blüte etwa die Hälfte der dreijährigen und alle älteren Triebe bodeneben und lassen kräftige Jungtriebe als Ersatz stehen. An verbliebenen zwei- und dreijährigen Trieben lichten Sie verzweigte Besen aus. Lenken Sie dabei überhängende Spitzen auf einen nach außen weisenden Jungtrieb um.

Sonne | Halbschatten | Schatten | Blüte an diesjährigen Trieben

Amelanchier-Arten und -Sorten

Felsenbirne

WUCHS locker aufrecht, im Alter schirmförmig | **HÖHE** 2–6 m | **BLÜTEZEIT** April–Mai

Die Felsenbirne besitzt neben ihrem Blütenreichtum auch eine harmonische Gestalt, mit der sie kleine Gärten prägt. Der einzelne Bodentrieb und sein Blütenholz bleiben länger vital als bei anderen Blütensträuchern. Die schönsten Blüten tragen zwei bis vier Jahre alte Triebe. Sie können einen Trieb bis zu zehn Jahre im Strauch belassen, wenn Sie die Spitzen regelmäßig auslichten und verschlanken. **Erhaltungsschnitt** Um den Strauch klein zu halten, entfernen Sie jährlich ein Fünftel der Bodentriebe und lassen ungekürzte Jungtriebe als Ersatz stehen. An den verbleibenden Trieben verschlanken Sie verzweigte Triebspitzen und belassen dafür weiter innen stehende Triebe. Überzählige Bodentriebe entfernen Sie vollständig oder reißen sie im Sommer aus.

Hamamelis-Arten

Zaubernuss

WUCHS trichterförmig, locker aufrecht **HÖHE** 2–4 m | **BLÜTEZEIT** Dezember–April

Die Zaubernuss verzweigt sich gleichmäßig und baut ein stabiles, jahrelang vitales Gerüst auf. Das Blütenholz ist ebenfalls langlebig, die Zaubernuss blüht daher auch zuverlässig an alten Trieben. **Erhaltungsschnitt** Entfernen Sie nach der Blüte lediglich quer wachsende Triebe und verschlanken Sie bei Bedarf die Triebspitzen. So wird garantiert, dass genug Licht ins Strauchinnere fällt und die Blütentriebe dort nicht vergreisen. Achten Sie darauf, eine etwas höhere Mitte zu fördern. Wird der Strauch zu breit, lenken Sie die längsten Triebe vorsichtig auf weiter innen stehende, nach außen weisende Seitentriebe um. Entstehen bei einer jüngeren, veredelten Zaubernuss Wildtriebe aus dem Boden, reißen Sie diese im Sommer in noch grünem Zustand aus.

Blüte an 1-jährigen Trieben Blüte an 2-jährigen Trieben Blüte an mehrjährigen Trieben

Syringa vulgaris-Sorten

Flieder

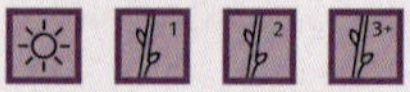

WUCHS breiter Strauch oder kleiner Baum, aufrecht | **HÖHE** 3–6 m | **BLÜTEZEIT** April–Mai

Flieder bildet ein langlebiges Gerüst aus, als Baum erzogen wird er bis zu 6 m hoch. Er blüht an den Enden einjähriger Triebe. Da die Knospen gegenständig stehen, also auf gleicher Höhe am Trieb einander gegenüber, treibt er oft in Gabeln aus. Achten Sie beim Schnitt darauf, den nach innen weisenden Trieb der Gabel zu entfernen.
Als Strauch wachsenden Flieder erziehen Sie mit etwa fünf gleichmäßig verteilten bodennahen Trieben. Fliederbäume erzieht man mit einer Mitte und vier bis fünf Seitengerüsttrieben.

Erhaltungsschnitt Aus der Erde kommende Wildtriebe reißen Sie regelmäßig aus. Vergreiste oder verkahlte Gerüsttriebe lenken Sie im Frühjahr bodennah, aber oberhalb der Veredlungsstelle, auf einen jüngeren Trieb um. Sehr stark verzweigte Triebe lenken Sie auf einen nach außen weisenden Trieb um. Bei Bedarf verschlanken Sie die Triebspitzen. Schneidet man nach der Blüte, erfolgt der Neuaustrieb meist erst im nächsten Frühjahr.
Verjüngungschnitt Vergreisen oder verkahlen ältere Flieder und lässt die Blüte merklich nach, verjüngen Sie den Strauch. Um das Wachstum stark anzuregen, schneiden Sie im Frühjahr vor der Blüte. Entfernen Sie dabei mindestens ein Drittel der Bodentriebe oberhalb der Veredlungsstelle. An den übrigen Trieben lenken Sie kahle Triebe oder vergreiste Besen auf tiefer stehende Jungtriebe um. Im folgenden Jahr lichten Sie die neuen Jungtriebe – bis auf einen schräg nach außen weisenden – aus. Verblühtes entfernen Sie. Gegen Ende der Blüte sieht Flieder meist etwas unordentlich aus. Zudem setzen die Blütenstände Samen an. Diese verbrauchen Energie, die dann für die Produktion neuer Blütenknospen fehlt. Schneiden Sie deshalb verblühte Rispen bis zum ersten Seitentrieb zurück.

Malus-Arten und -Sorten

Zierapfel

WUCHS lockerer Strauch oder kleiner Baum, breit aufrecht | **HÖHE** 4–8 m | **BLÜTEZEIT** April–Juni

Das beste Blütenholz tragen Zieräpfel an zweijährigen Trieben, es bleibt über Jahre vital. Da der Zierapfel ein typischer Frühjahrsblüher ist, schneiden Sie ihn in der Regel nach der Blüte. Als Strauch erzieht man den Zierapfel mit drei bis fünf bodennahen Gerüsttrieben. Einen Hochstamm erziehen Sie mit vier bis sechs Seitengerüsttrieben und einer geraden Mitte.

Erhaltungsschnitt Lichten Sie regelmäßig nach innen oder steil wachsende Triebe aus. Vergreisen einzelne Seitentriebe oder werden sie zu stark, entfernen Sie diese im Sommer am Gerüst. Überhängende, meist stark verzweigte Triebspitzen lenken Sie auf tiefer stehende Jungtriebe um. Bei Bedarf verschlanken Sie zum Schluss die Triebspitzen.

Verjüngungsschnitt Um einen stark vergreisten Zierapfel zu verjüngen, schneiden Sie ihn vor der Blüte. Dies regt das Wachstum stärker an als ein Schnitt nach der Blüte. Lenken Sie vergreiste Gerüsttriebe auf tiefer stehende Seitentriebe um (→ Abb. links). Vermeiden Sie jedoch Wunden über 10 cm Durchmesser am Gerüst. Zum Schluss verschlanken Sie die neuen Triebspitzen. Im folgenden Jahr lichten Sie Jungtriebe an den Schnittstellen des Vorjahrs aus (→ Abb. rechts). Nach innen wachsende oder steile Triebe entfernen Sie ganz; flache und nach außen wachsende hingegen belassen Sie.

Tipp Wählen Sie Sorten, die gegenüber dem Schorfpilz robust sind.

Hydrangea macrophylla-Sorten
Ballhortensie

WUCHS breit aufrecht
HÖHE 1–2 m | **BLÜTEZEIT** Juni–September

Ball- oder Bauernhortensien tragen ihre Blütenknospen vor allem an einjährigen Langtrieben, aber auch an kürzeren Seitentrieben älterer Triebe. **Erhaltungsschnitt** Da Hortensien spät blühen, schneidet man sie kurz vor dem Austrieb. Lichten Sie zuerst das älteste Viertel der Gerüsttriebe am Boden aus, und lassen Sie dafür kräftige Jungtriebe als Ersatz stehen – diese dürfen Sie nicht einkürzen. Schwache Bodentriebe entfernen Sie ganz. An den verbliebenen Gerüsttrieben lenken Sie mehrjährige Verzweigungen auf tiefer stehende einjährige Triebe um. Zum Schluss entfernen Sie die trockenen Blüten bis zu den ersten dicken, grünen Knospen. Einige neue Sorten blühen auch an diesjährigen Trieben, man schneidet sie daher stärker als die traditionellen Sorten.

Hydrangea paniculata-Sorten
Rispenhortensie

WUCHS straff aufrecht | **HÖHE** 1–3 m
BLÜTEZEIT Juni–Oktober

Rispenhortensien blühen immer nur an diesjährigen Trieben. Das Gerüst kann mehrere Jahre vital bleiben. Werden sie nicht jährlich geschnitten, entwickeln sie zwar eine bizarre Form, blühen aber nur noch sehr wenig. **Erhaltungsschnitt** Schneiden Sie die ersten drei Jahre alle Bodentriebe im Frühjahr um ein Drittel, schwache um die Hälfte zurück. Das Gerüst sollte auch nach Jahren nicht höher als 60 cm werden. Bei älteren Pflanzen entfernen Sie vergreiste Triebe im Strauchinnern und kürzen anschließend die einjährigen Triebe auf zwei bis vier Knospen ein. Aus diesen Zapfen entwickeln sich später die Blütentriebe. Wenn sich im Laufe der Jahre stufenweise Gabelungen entwickeln, lenken Sie diese immer wieder auf tiefer stehende, einzelne Jungtriebe um.

Sonne | Halbschatten | Schatten | Blüte an diesjährigen Trieben

Hydrangea quercifolia

Eichblatthortensie

WUCHS breitbuschig aufrecht
HÖHE 1–2 m | **BLÜTEZEIT** Juni–August

Eichblatthortensien wachsen strauchartig, die Gerüsttriebe sind bis zu zehn Jahre vital. Ihre Herbstfärbung ist spektakulär, das rote Laub bleibt oft bis in den Winter am Strauch. Die Blüten erscheinen an den Spitzen einjähriger Seitentriebe, diese kürzt man deshalb nie ein. **Erhaltungsschnitt** Nur wenn Gerüsttriebe vergreisen, lichten Sie sie bodeneben aus. Lassen Sie dabei einen 10 cm langen Zapfen über dem Boden stehen. Auch wenn er später eintrocknet, werden dadurch Jungtriebe aus dem Boden gefördert. Überhängende, verzweigte Triebspitzen lenken Sie auf einen schräg nach oben und außen weisenden Jungtrieb um. Zum Schluss entfernen Sie vertrocknete Blüten. Wichtig: Verletzen Sie dabei die darunterliegenden Triebspitzen mit den neuen Blütenanlagen nicht.

Hydrangea petiolaris

Kletterhortensie

WUCHS kletternd, abstehende Seitentriebe | **HÖHE** 4–10 m | **BLÜTEZEIT** Juni–Juli

Kletterhortensien tragen ihre Blütenknospen an den Spitzen einjähriger Triebe. Die sehr langlebigen Gerüsttriebe verankern sich – wie Efeu – mit Haftwurzeln an der Wand, beschädigen intakte Wände jedoch nicht. **Erhaltungsschnitt** Kletterhortensien benötigen nur einen Schnitt, wenn sie zu groß werden oder einzelne Triebe überlang von der Wand abstehen. Dann lenken Sie solche Triebe zwischen Frühjahr und Sommer auf einen wandnahen Seitentrieb um oder entfernen sie bis auf 5 cm lange Zapfen am Gerüsttrieb. Wächst eine Kletterhortensie zu stark in die Höhe oder Breite, schneiden Sie die Jungtriebe jährlich zurück. Die beste Zeit hierfür ist der Frühsommer, dann lassen sich die unverholzten Triebe noch leicht von der Wand lösen.

Blüte an 1-jährigen Trieben   Blüte an 2-jährigen Trieben   Blüte an mehrjährigen Trieben

Buddleja davidii-Sorten

Sommerflieder

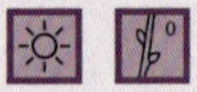

WUCHS trichterförmig aufrecht | **HÖHE** 2–4 m
BLÜTEZEIT Juli–Oktober

Sommerflieder schneidet man erst im späten Frühjahr, kurz vor dem Austrieb. Er blüht im Sommer an diesjährigen Trieben. Je kräftiger der Trieb dabei wächst, umso länger bildet er Seitentriebe mit neuen Blüten. Schneiden Sie Verblühtes regelmäßig aus, um die Nachblüte zu fördern.

Erziehungsschnitt Sommerflieder wird mit vier bis sechs kurzen Gerüsttrieben erzogen. Die ersten zwei Jahre nach der Pflanzung regen Sie möglichst viele Bodentriebe an. Einjährige Bodentriebe kürzen Sie dafür auf höchstens 30 cm ein. Das Gerüst sollte auch nach Jahren nicht höher als 50–70 cm sein. Sind schon Seitentriebe vorhanden, kürzen Sie diese zum Schluss auf zwei bis vier Knospen ein.

Erhaltungsschnitt Ältere Gerüsttriebe ersetzen Sie nach drei bis fünf Jahren durch junge Bodentriebe. Lassen Sie dabei einen 5–10 cm langen Zapfen stehen, dieser fördert den Neuaustrieb aus dem Boden und wird im folgenden Sommer entfernt. Stark verzweigte Gerüsttriebe lenken Sie auf tiefer stehende junge Seitentriebe um. Für eine harmonische Form lassen Sie die Mitte höher als die Seitentriebe. Die bodenbürtigen Jungtriebe kürzen Sie auf 30 cm ein. Einjährige Seitentriebe kürzen Sie zum Schluss auf zwei bis vier Knospen ein.

Verjüngungsschnitt Vergreiste oder stark verzweigte ältere Triebe entfernen Sie auf kurze Zapfen am Boden. Sind junge Bodentriebe vorhanden, erhalten Sie diese als Verjüngung. Bei stark vergreisten Sträuchern fehlen solche Triebe jedoch oft, und bei einem sehr tiefen Rückschnitt besteht die Gefahr, dass die ganze Pflanze eingeht. In diesem Fall lenken Sie die vergreisten Gerüsttriebe auf bodennahe Jungtriebe um. Entstehen dann weiter unten im folgenden Jahr neue Triebe, setzen Sie die Verjüngung »in Richtung Boden« fort.

Sonne | Halbschatten | Schatten | Blüte an diesjährigen Trieben

Hibiscus syriacus-Sorten

Hibiskus

WUCHS straff aufrecht | **HÖHE** 1,5–3 m
BLÜTEZEIT Juni– September

Hibiskus bildet seine Blüten in den Blattachseln diesjähriger Triebe. Der Strauch blüht nur, solange er auch wächst. Schneiden Sie Hibiskus deswegen jährlich kräftig zurück. Ungeschnitten entwickelt er nur kurze Neutriebe und eine flüchtige Blüte.

Erziehungsschnitt Wählen Sie vier bis sieben gut verteilte Bodentriebe und eine höhere Mitte für das Gerüst aus. Überzählige Bodentriebe und bodennahe Triebe entfernen Sie. Die Gerüsttriebe kürzen Sie um die Hälfte des vorjährigen Zuwachses ein. Bei den äußeren Gerüsttrieben sollte die Endknospe nach außen weisen, damit der folgende Austrieb ebenfalls nach außen wächst. Konkurrenztriebe zu den Gerüsttrieben entfernen Sie vollständig. Seitentriebe kürzen Sie bei jungem Hibiskus auf 5 cm ein, um einen kräftigen Neuaustrieb anzuregen. Kürzt man Jahr für Jahr die Gerüsttriebe ein, wächst der Strauch auf bis zu 2 m heran.

Erhaltungsschnitt Ist die gewünschte Endhöhe des Gerüsts erreicht, schneiden Sie dessen vorjährige Verlängerungen auf 10 cm kurze Zapfen zurück. Wachsen die Gerüsttriebe sehr steil, lenken Sie diese auf tiefere und nach außen wachsende Seitentriebe um. Der Strauch wirkt dadurch lockerer. Dann lichten Sie zu dicht oder nach innen wachsende Triebe aus. Verbleibende Seitentriebe des Gerüsts kürzen Sie auf maximal 10 cm Länge ein.

Verjüngungsschnitt Trotz des Erhaltungsschnitts können einzelne Hibiskustriebe vergreisen, denn das Holz ist nicht langlebig. Je älter es wird, umso eher trägt es Winterschäden davon. Zeigt ein Haupttrieb trockene Stellen, geringen Neuzuwachs oder stirbt er von oben her ab, entfernen Sie ihn nahe am Boden. Wählen Sie einen jungen Bodentrieb als Ersatz aus, und erziehen Sie ihn zu einem Gerüsttrieb. Sind keine Jungtriebe vorhanden, warten Sie den Neuaustrieb unterhalb der Schnittstelle im nächsten Sommer ab und entscheiden dann.

Hochstämmchen Schneiden Sie bei Hochstämmchen junge Stammtriebe oder Bodentriebe schon im Sommer ab. Der Hauptschnitt erfolgt, wie oben, im späten Frühjahr. Belassen Sie eine Mitte und vier bis fünf seitliche Gerüsttriebe. Diese sollten nicht länger als 30–40 cm werden. Deren seitliche Triebe kürzen Sie jährlich auf etwa 5 cm ein. So erhalten Sie eine über Jahre gesunde und doch kompakte Krone. Wichtig: Schützen Sie den Stamm mit Tannenreisig vor der Wintersonne.

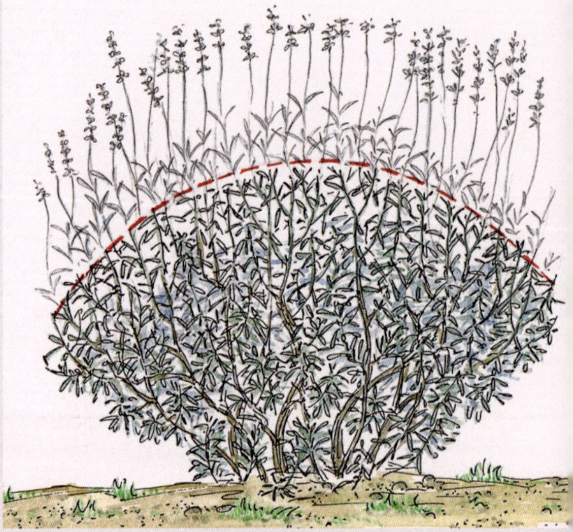

Lavandula-Arten und -Sorten

Lavendel

WUCHS breit kugelig | **HÖHE** 0,3–0,7 m
BLÜTEZEIT Juni–September

Bei Lavendel ist besonders älteres Holz frostempfindlich. Deshalb muss er von Jugend an jährlich kräftig eingekürzt werden, um junge Triebe zu fördern.

Sommerschnitt Schneiden Sie bei Lavendel bis spätestens Ende Juli abgeblühte Stängel aus. Kürzen Sie dabei auch die Triebspitzen um bis zu 5 cm ein (→ Abb. rechts). Gleichzeitig geben Sie der Pflanze eine halbkugelige Form, mit der sie über Winter attraktiv bleibt. Bei spät blühenden Sorten schneiden Sie ab August nur noch die Blüten aus. Für kältere Klimate sind früh blühende Sorten besser geeignet.

Frühjahrsschnitt Lavendel schneidet man erst im späten Frühjahr, wenn die Knospen austreiben. Er wächst dann nach dem Schnitt unverzüglich weiter. Es besteht kaum Gefahr, dass er zurücktrocknet. Schneiden Sie Lavendel von Anfang an jährlich auf 10–15 cm zurück, jedoch nur im beblätterten Bereich (→ Abb. links). So erhalten Sie die Vitalität der Knospen und Triebe nahe am und im Boden.

Verjüngungsschnitt Wurde Lavendel über mehrere Jahre nicht geschnitten, vergreist er. Es entstehen kaum noch junge Triebe aus der Basis. Ältere Triebe werden kahl, an ihren Enden entstehen Besen. Solche überalterten Triebe treiben oft nach einem strengen Winter nicht mehr aus. Kürzen Sie während des Austriebs Besen oder Köpfe im beblätterten Bereich ein. Dabei können Sie bis zur Hälfte der Triebe entfernen. Vermeiden Sie Schnitte in den blattlosen Teil der Triebe, sonst trocknen sie zurück.

Sonne | Halbschatten | Schatten | Blüte an diesjährigen Trieben

Salvia officinalis

Gewürzsalbei

WUCHS breit kugelig, im Alter überhängend
HÖHE 0,4–0,6 m | **BLÜTEZEIT** Juni–Juli

Von Gewürzsalbei gibt es verschiedene Sorten. Buntlaubige Sorten benötigen in kalten Lagen etwas Winterschutz. **Erhaltungsschnitt** Im späten Frühjahr, erst beim Austrieb, lenken Sie ältere Triebe nahe der Basis auf Seitentriebe um. Im Sommer nach der Blüte lenken Sie verblühte Triebe wieder auf tiefer stehende Jungtriebe um. Diese kürzen Sie nicht ein. **Verjüngungsschnitt** Vergreisten Gewürzsalbei können Sie nur so weit zur Verjüngung zurücksschneiden, wie tiefer stehende Seitenknospen zu sehen sind. Verjüngen Sie erst Anfang Mai, dann treibt die Pflanze am ehesten wieder aus. **Tipp** In schweren oder mit Rinde gemulchten Böden kann Salbei von Pilzen befallen werden und absterben. Achten Sie auf luftige Böden, und mulchen Sie mit Split.

Caryopteris × clandonensis

Bartblume

WUCHS vieltriebig, buschig aufrecht
HÖHE 0,5–1 m | **BLÜTEZEIT** Juli–September

Die Bartblume benötigt warme Standorte mit durchlässigem Boden. Die Triebe frieren im Winter meist bis zur Basis zurück. Die Sorte 'Heavenly Blue' ist frosthärter. Schneiden Sie im späten Frühjahr, wenn die Knospen das erste Grün zeigen. Bartblumen benötigen keinen Gerüstaufbau. **Erhaltungsschnitt** Lichten Sie zwei- bis mehrjährige Triebe bis zum Boden aus, um den Austrieb neuer Bodentriebe anzuregen. Kräftige, einjährige Bodentriebe belassen Sie und kürzen diese im Frühjahr auf 5 cm ein, schwache entfernen Sie. **Verjüngungsschnitt** Bei vergreisten Pflanzen bringt ein Schnitt ins alte Holz nicht zuverlässig Neutriebe, im schlimmsten Fall trocknet die Pflanze ein. Lenken Sie altes Holz auf bodennahe Jungtriebe um und kürzen diese auf 10 cm ein.

Thuja-Arten und -Sorten

Thuja

WUCHS je nach Sorte kugelig bis säulenförmig
HÖHE 0,6–15 m | **BLÜTEZEIT** April–Mai

Die meisten Thuja-Sorten bilden dichte, mehrstämmige Gehölze. Einige wachsen gedrungen, andere eher säulenförmig. Alle treiben aus unbenadelten Trieben nicht mehr aus. Bevor diese Gehölze daher zu groß werden, ist ein Schnitt zu empfehlen, am besten zwischen Mai und Ende Juli. Meiden Sie jedoch heiße und sonnige Perioden. Wichtig: Der Schnitt muss immer die natürliche Wuchsform respektieren. Schneiden Sie die Pflanze aber von Anfang an in Form, auch wenn sie die gewünschte Größe erst in drei bis fünf Jahren erreichen wird.

Erhaltungsschnitt Lenken Sie die längsten Triebe im Frühsommer im Innern des Gehölzes auf kürzere, benadelte Seitentriebe um. Die Schnittstelle sollte von außen nicht sichtbar sein. Kegel- oder pyramidenförmige Sorten sollten nach oben hin schlanker werden. Bei kugelförmigen fördern Sie gleichmäßige Rundungen. Bei ausgesprochen schlanken Säulenformen (→ Abb. rechts) konkurrieren oft mehrere Mitteltriebe miteinander. Sie sind nur einseitig benadelt und kippen oft auseinander. Lenken Sie frühzeitig außen wachsende Gerüsttriebe auf einen tiefer stehenden Seitentrieb um. Müssen Sie mehrere Triebe umleiten, lenken Sie sie in Stufen um, damit sich ein natürlicheres Bild ergibt. Ein bis zwei Triebe in der Mitte lassen Sie höher stehen. Waagerecht überhängende Seitentriebe lenken Sie auf aufrechte Seitentriebe im Gehölzinnern um.

Sonne · Halbschatten · Schatten · Blüte an diesjährigen Trieben

Rhododendron-Arten und -Sorten

Rhododendron

WUCHS breit buschig bis kugelig
HÖHE 0,5–5 m | **BLÜTEZEIT** Mai–Juni

Rhododendren bilden meist markante, raumfüllende Sträucher, nur wenige Sorten behalten über die Jahre einen gedrungenen Wuchs. Fast alle benötigen einen sauren, durchlässigen, humosen und sommerfeuchten Boden, verbunden mit Luftfeuchtigkeit. Unter dem Namen 'Inkarho' sind Sorten im Handel, die einen gewissen Kalkgehalt tolerieren. Rhododendren blühen im Frühjahr an den Endknospen einjähriger Lang- und Kurztriebe. Solange sie nicht verkahlen oder vergreisen, ist kaum ein Schnitt nötig. Übrigens: Auch die nah verwandten Azaleen (*Azalea*-Arten und -Sorten) schneiden Sie wie Rhododendron.

Erhaltungsschnitt Rhododendren wachsen meist über lange Zeit kompakt. Doch hin und wieder schießen einzelne, von unten her verkahlende Triebe über den Strauch hinaus und lassen ihn sparrig aussehen. Lenken Sie solche Triebe – am besten schon vor der Blüte – auf kürzere Seitentriebe im Innern des Strauchs um. Lassen Sie dabei etwa 5 cm lange Zapfen stehen. Diese werden vom Seitentrieb ernährt und treiben im selben oder nächsten Jahr aus. Ohne Zapfen kann die Schnittstelle in den Haupttrieb eintrocknen und treibt nicht mehr aus.

Verjüngungsschnitt Im Alter werden Rhododendren manchmal lückig, einzelne Triebe verkahlen, die Blüte lässt nach. Dann verjüngt man die Pflanze über mehrere Jahre. Lenken Sie mindestens ein Drittel der stärksten Triebe im Strauchinnern um, bei Bedarf sogar bodennah auf Zapfen. Wollen Sie das Wachstum möglichst stark anregen, schneiden Sie im Frühjahr vor der Blüte. Auch hier entfernen Sie den Trieb an einem Seitentrieb auf Zapfen, um den Neuaustrieb zu garantieren. Haben sich am Zapfen Neutriebe gebildet, entfernt man den verbliebenen Seitentrieb der Gabelung im Folgejahr. Ist der Zapfen selbst ein Stück zurückgetrocknet, entfernen Sie ihn bis ins gesunde Holz.

Tipp Verblühte Büschel sehen unschön aus und setzen zum Teil Samen an, die dem Strauch Kraft für neue Blütenknospen entziehen. Brechen Sie die Blütenstände deshalb an dem kurzen Triebstück direkt unterhalb der Büschel aus. Weil Rhododendren mit den letzten Blüten im Frühjahr schon neue Triebe unterhalb der Blüten austreiben, sollten Sie darauf achten, beim Ausbrechen diese jungen Triebe nicht zu verletzen. Je früher Sie sie ausbrechen, umso besser.

Buxus-Arten und -Sorten

Buchs

WUCHS dicht kugelig bis breit aufrecht
HÖHE 0,5–6 m | **BLÜTEZEIT** März–April

Buchs eignet sich nicht nur für Hecken, sondern auch sehr gut für sogenannte Formschnitte. Beide bauen Sie von Anfang an in Stufen auf (→ Abb. oben links). Dadurch wird die Pflanze auch im Innern dicht verzweigt. In den ersten Jahren sind dafür bis zu vier Schnitte pro Jahr notwendig. Bei schwachwüchsigen Sorten reichen meist zwei Schnitte jährlich aus. Die geeignete Schnittzeit ist ab Mitte März bis Ende Juli, bei einem späteren Schnitt reifen Neutriebe nicht mehr aus. Durch den Schnitt gelangen innen wachsende Blättchen ans Licht. Um Sonnenbrand zu vermeiden, schneidet man nur in Phasen mit bedecktem Himmel.

Tipp Starke Seitentriebe, die sich mit der Heckenschere kaum schneiden lassen, entfernen Sie innen im Gehölz mit der Handschere. Für den Formschnitt empfiehlt sich eine Buchsheckenschere, mit der Sie kleine Formen gut herausarbeiten können.

Kugeln schneiden Um eine Buchskugel zu formieren, schneiden Sie zuerst oben eine waagerechte Fläche. Von dieser Oberseite aus arbeiten Sie sich rund um die Pflanze nach unten (→ Abb. oben rechts). Wenn Sie beim Schneiden von oben auf die Kugel schauen, werden die Rundungen am gleichmäßigsten. Flachen Sie die Unterseite der Kugel etwas ab. Sie sieht dann aus, als sei sie etwas im Boden versunken, und wirkt harmonischer.

Mit Schablone schneiden Um eine Figur erstmalig herauszubilden und anschließend in Form zu

Sonne | Halbschatten | Schatten | Blüte an diesjährigen Trieben

halten, leistet eine Schablone gute Dienste. Haben Sie mehrere Formgehölze der gleichen Gestalt im Garten, sind solche Hilfen sehr wertvoll. Für eine Pyramide bauen Sie ein Gerüst aus vier Bambusstäben, mit Querverbindungen aus Bambus oder Draht an der Basis (→ Abb. oben links). Für eine Kugel schneiden Sie aus Pappe eine Schablone mit einem halbkreisförmigen Loch und legen sie außen an die Pflanze an. Mit dem Schnitt führen Sie die Schablone Stück für Stück um die Kugel herum. Je öfter Sie eine Form schneiden, umso leichter geht es, weil Sie die Schnittkonturen gut erkennen.

Einfassungen Für kleine Einfassungen verwenden Sie schwachwüchsige Buchssorten. Junge Hecken schneiden Sie bis zu dreimal jährlich, bei älteren reicht in der Regel ein Schnitt pro Jahr. Schneiden Sie die Hecke in Trapezform. Sie bleibt dann gleichmäßig dicht, weil auch die unteren Bereiche genug Licht bekommen. Um exakt zu schneiden, stellen Sie ein Brett in der gewünschten Höhe längs an die Hecke (→ Abb. oben rechts) und schneiden oben an ihm entlang. Dann legen Sie ein schmales Brett (mit Löchern an den Enden) auf die Oberseite und fixieren es mithilfe von durch die Löcher gesteckten Stäben im Boden. Es gibt die Schnittkanten für die Seiten vor. Schneiden Sie erst innen und dann außen leicht schräg entlang.

Sträucher Frei wachsende Buchssträucher lichten Sie nur aus, wenn sie zu groß werden. Lenken Sie die längsten Triebe innen im Gehölz auf kürzere Seitentriebe um. So bleibt die Schnittstelle unsichtbar.

Verjüngungsschnitt Wollen Sie Buchs bis ins alte, unbelaubte Holz verjüngen, schneiden Sie beim Austrieb im April. Zu früh oder im Herbst verjüngte Triebe trocknen oft weit zurück. Bei Hecken stirbt oft die ganze Pflanze ab.

Rosa-Sorten

Beetrose

WUCHS breit sparrig bis aufrecht
HÖHE 0,5–0,8 m | **BLÜTEZEIT** Juni–Oktober

Beetrosen sind die Stars im sommerlichen Garten. Sie sind fast immer öfterblühend und schmücken gemischte Rabatten von Frühsommer bis zum Frost mit mal pastellartig, mal intensiv gefärbten Blüten. Für eine reichhaltige Blütenpracht sind folgende Grundsätze zu beachten: Wählen Sie robuste, blühwillige Sorten aus. Kaufen Sie nur kräftige Pflanzen, bei denen mehrere Triebe aus der Veredlungsstelle wachsen. Setzen Sie die Veredlungsstelle der Rose 5 cm in die Erde, damit sie vor dem Eintrocknen geschützt ist. Schneiden Sie im Frühjahr, aber erst, wenn keine starken Fröste mehr drohen. Für öfterblühende Rosen gilt grundsätzlich, dass bei einem zurückhaltenden Schnitt die Erstblüte reichlich ausfällt, die Nachblüte dafür geringer. Wenn Sie dagegen stark schneiden, bleiben zwar weniger Knospen für die Erstblüte erhalten, dafür bekommt die Rose aber Kraft für neues Wachstum und eine schöne zweite Blüte.

Erhaltungsschnitt Eine systematische Erziehung entfällt bei Beetrosen, da kein dauerhaftes Gerüst aufgebaut wird. Entfernen Sie im Frühjahr ältere oder vergreiste Triebe nahe am Boden, um bodenbürtige Neutriebe aus der Veredlungsstelle anzuregen. Lassen Sie zur Förderung des Ausstriebs kleine Zapfen stehen. Wenn sie später eingetrocknet sind, entfernt man sie. Dann schneiden Sie kräftige ein- und zweijährige Triebe um die Hälfte, schwache Triebe um zwei Drittel zurück. Deren Seitentriebe kürzen Sie auf zwei Knospen ein. Stark wachsende Sorten kürzt man weniger ein als schwach wachsende.

Verjüngungsschnitt Wurden bei Beetrosen über mehrere Jahre keine Triebe bodeneben entfernt, vergreisen sie zusehends. Zudem wachsen kaum mehr Jungtriebe aus dem Boden nach. Entfernen Sie in diesem Fall zuerst maximal die Hälfte der ältesten Triebe bodennah auf kurze Zapfen. Das fördert den Neuaustrieb. Anschließend lenken Sie die verbliebenen Triebe auf tiefer stehende Jungtriebe um. Diese kürzen Sie um die Hälfte ein. Sind im nächsten Jahr junge Bodentriebe vorhanden, führen Sie die Verjüngung fort. Im dritten Jahr gehen Sie zum Erhaltungsschnitt über.
Erscheinen keine neuen Bodentriebe, ist die Pflanze überaltert und sollte ersetzt werden. Wollen Sie die neue Rose an dieselbe Stelle pflanzen, müssen Sie die Erde großzügig austauschen.

Rosa-Sorten

Edelrose

WUCHS steif aufrecht | **HÖHE** 0,8–1,5 m
BLÜTEZEIT Juni–Oktober

Edelrosen besitzen meist eine Blüte pro Stiel. Ein Ziel des Schnitts ist hier, langstielige Schnittblumen zu erhalten. Der Grundschnitt entspricht dem der Beetrosen, allerdings fällt er noch stärker aus. **Erhaltungsschnitt** Entfernen Sie zuerst abgestorbene oder vergreiste Triebe bodennah auf einen kurzen Zapfen. Sind die verbleibenden Bodentriebe verzweigt, lenken Sie sie auf den am tiefsten stehenden Seitentrieb um. Dieser wird anschließend auf fünf Knospen eingekürzt. Kräftige, unverzweigte Bodentriebe kürzen Sie auf vier bis sechs Knospen ein, schwächere auf drei bis fünf. Sehr schwache Triebe entfernen Sie am Boden. Wenn Sie Edelrosen für die Vase schneiden, sollten Sie den Schnitt so setzen, dass die oberste verbleibende Knospe nach außen weist.

Rosa-Sorten

Rosen-Hochstämmchen

WUCHS kugelig bis überhängend
HÖHE 1–2 m | **BLÜTEZEIT** Juni–Oktober

Stammrosen befestigt man an einen stabilen Stützpfahl – den Stamm mehrmals, die Krone mindestens einmal. Wie stark man schneidet, hängt davon ab, welche Rosenart auf den Stamm veredelt wurde. **Erhaltungsschnitt** Kürzen Sie schwache oder ältere Triebe bis auf zwei Knospen vor der Veredlungsstelle ein. Dann kürzen Sie kräftige einjährige Triebe bei Edelrosen auf drei bis fünf, bei Beet- und Zwergrosen auf fünf bis sieben, bei Kletterrosen auf zehn Knospen ein. Etwa sieben gleichmäßig verteilte Triebe reichen für eine dichte Krone aus. Veredlungen mit einmalblühenden Rosen schneiden Sie nach der Blüte und kürzen sie auf Zapfen mit drei bis fünf Knospen ein. Wichtig: Vermeiden Sie Schnittwunden am Kronenansatz, sie trocknen bis in die Veredlung ein.

Blüte an 1-jährigen Trieben | Blüte an 2-jährigen Trieben | Blüte an mehrjährigen Trieben

Rosa-Arten und -Sorten

Strauchrose, einmalblühend

WUCHS steif aufrecht bis breit überhängend | **HÖHE** 1–3 m | **BLÜTEZEIT** Mai–Juli

Wildrosen und alte Rosen-Sorten sind fast immer einmalblühend, sie blühen vor allem an einjährigen Trieben. Einige Sorten wachsen eher überhängend, andere straff aufrecht. **Erhaltungsschnitt** Lichten Sie nach der Blüte alle Bodentriebe aus, die älter als vier oder fünf Jahre sind, und belassen Sie sieben bis zehn Bodentriebe als Gerüst. Verschlanken Sie an den verbliebenen Trieben die Spitzen, damit sie nicht zu stark überhängen. Einjährige Bodentriebe kürzen Sie nicht ein. Entstehen aus dem Strauch ragende Triebe, kürzen Sie diese im Frühsommer ein. Sie verzweigen sich dann erneut mit mehreren, kürzeren Trieben. Schwache Bodentriebe entfernen Sie dagegen immer vollständig. Starkwüchsige Sorten schneiden Sie immer zurückhaltender als schwachwüchsige.

Rosa-Sorten

Strauchrose, öfterblühend

WUCHS steif aufrecht bis bogig überhängend | **HÖHE** 1–3 m | **BLÜTEZEIT** Juni–Oktober

Um bei öfterblühenden Strauchrosen eine ergiebige Nachblüte zu fördern, kürzt man das einjährige Holz stark ein. Im Gegensatz zu Beetrosen bleiben aber Gerüsttriebe stehen. **Erhaltungsschnitt** Strauchrosen besitzen fünf bis acht Bodentriebe als Gerüst. Diese werden im Frühjahr auf die Hälfte, schwache auf ein Drittel eingekürzt. Die Seitentriebe des Gerüsts kürzen Sie auf Zapfen ein, in der oberen Strauchhälfte auf 5 cm, in der unteren auf etwa 10 cm. Manche Sorten der englischen Rosen wachsen sehr langtriebig und hängen, wenn sie frei stehen, oft stark über. Binden Sie diese, wie schwache Kletterrosen, an einen Obelisken oder eine Pyramide. Binden Sie dabei die Triebe spiralig nach oben, um einen gleichmäßigen Austrieb zu fördern.

Rosa-Arten und -Sorten

Ramblerrose

WUCHS langtriebig, schleppenartig überhängend | **HÖHE** 2–10 m | **BLÜTEZEIT** Mai–Juli

Ramblerrosen sind meist einmalblühend, sie bilden in einem Sommer meterlange, biegsame Triebe. Meist wachsen sie in Bäume oder über andere Gehölze. Binden Sie überhängende Triebe im Sommer an Rankhilfen an. Da Rambler ihre Blüten an vorjährigen Trieben tragen, schneidet man sie nach der Blüte. Ein jährlicher Schnitt ist jedoch sehr zeitaufwendig, weil Rambler ein sehr dichtes Triebgewirr bilden. Deshalb schneidet man sie nur, wenn sie zu groß werden oder vergreisen. **Verjüngungsschnitt** Ein starker Verjüngungsschnitt alle fünf bis zehn Jahre reicht aus. Dabei entfernen Sie alte Triebe bodennah. Schwachwüchsige Rambler-Sorten schneiden Sie dagegen jährlich nach der Blüte, öfterblühende vor der Blüte wie andere öfterblühende Kletterrosen.

Rosa-Sorten

Kletterrose, öfterblühend

WUCHS langtriebig, steif überhängend | **HÖHE** 2–5 m |**BLÜTEZEIT** Juni–Oktober

Öfterblühende Kletterrosen bilden die erste Blüte aus einjährigen Knospen, die zweite an diesjährigen Trieben. Sie werden mit fünf bis acht Bodentrieben erzogen, die bis zu sieben Jahre vital bleiben. **Erhaltungsschnitt** Im Frühjahr schneiden Sie vergreiste oder kranke Gerüsttriebe bodennah auf Zapfen zurück. Einjährige Bodentriebe kürzen Sie nicht ein, sondern binden Sie an die Rankhilfe. Bei zwei- oder mehrjährigen Gerüsttrieben kürzen Sie abgeblühte Seitentriebe auf zwei Knospen ein. Um den Saftdruck nach oben zu bremsen, binden Sie die Gerüsttriebe gleichmäßig schräg an die Kletterhilfe an. So verteilen Sie den Saftdruck auf die ganze Trieblänge und erhalten ein Vielfaches an Blüten. Binden Sie die Triebe mit Naturmaterialien an, die nicht einschnüren.

Wisteria-Arten und -Sorten

Blauregen

WUCHS Schlinger, langtriebig | **HÖHE** 6–8 m
BLÜTEZEIT Mai–Juni

Blauregen blüht im Frühjahr an ein- bis mehrjährigen Kurztrieben. Man unterscheidet zwei Arten. Der Chinesische Blauregen *(W. sinensis)* ist der gebräuchlichste. Er windet sich, wenn Sie ihn von oben betrachten, entgegen dem Uhrzeigersinn. Er blüht ab Mai, noch vor dem Blattaustrieb, mit bis zu 30 cm langen Blütentrauben. In manchen Jahren erscheinen Nachblüten im Sommer. Der Japanische Blauregen *(W. floribunda)* windet sich im Gegensatz dazu im Uhrzeigersinn, also rechtsdrehend. Er blüht ab Ende Mai mit etwa 50 cm langen Trauben, während zeitgleich die Blätter austreiben. Nach der Pflanzung dauert es meist einige Jahre, bis die ersten Blütentrauben erscheinen. Damit Blauregen zuverlässig Blüten ansetzt, ist es unabdingbar, seine enorme Wüchsigkeit zu bremsen. Wichtig ist hierbei der regelmäßige Sommerschnitt, der zusätzlich Struktur in das unübersichtliche Dickicht aus Jungtrieben bringt. Der Frühjahrsschnitt dient hingegen vor allem der Erziehung des Gerüsts und der kompakten Seitentriebe, die das Blütenholz tragen.

Erziehungsschnitt Erziehen Sie Blauregen nur mit einem, maximal mit zwei langlebigen Gerüsttrieben. Diese verlängern Sie jedes Jahr im Frühjahr um höchstens 1 m. So ist garantiert, dass sich auf der ganzen Verlängerung gleichmäßig Seitentriebe bilden. Sind Verzweigungen des Gerüsttriebs erwünscht, verlängern Sie jedes Teilstück jährlich. Diese Triebverlängerungen wickeln Sie nach dem Schnitt vom Draht ab und binden sie stattdessen an. So ist dafür gesorgt, dass der Draht nicht einwächst und sich die Pflanze jederzeit von der Rankhilfe nehmen lässt.

Sommerschnitt Vergegenwärtigen Sie sich jedes Jahr vor dem Schnitt nochmals den Gerüstaufbau mit seinen Seitenarmen. Deren diesjährige Verlängerungen schneiden Sie Ende Juli auf 2 m zurück. Wickeln Sie diese dann von der Rankhilfe ab, und binden Sie sie an. Anschließend kürzen Sie die meist schon ineinander verschlungenen Seitentriebe auf 30 cm ein. Treiben die Seitentriebe während des verbleibenden Sommers erneut aus, bricht man die Neutriebe in noch grünem Zustand aus. Obwohl Sie mit diesem Schnitt in erster Linie Ordnung schaffen, dient er auch der Bildung von Blütenknospen. Der Sommerschnitt ist also fast wichtiger als der Frühjahrsschnitt!

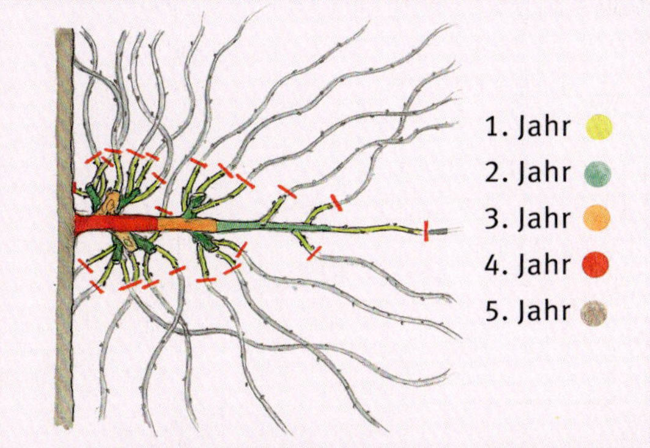

NUR EIN GERÜSTTRIEB Die Erziehung erfolgt mit einem Gerüsttrieb, der sich verzweigen kann. Seitentriebe kürzen Sie jährlich auf kurze Zapfen ein.

SOMMERSCHNITT Der Sommerschnitt hält den Blauregen übersichtlich, fördert die Bildung von Blütenknospen und beruhigt das Wachstum.

Frühjahrsschnitt Der jährliche Schnitt im Frühjahr – direkt vor dem Austrieb – baut auf dem letztjährigen Sommerschnitt auf. Schneiden Sie die Verlängerungen der Gerüsttriebe auf höchstens 1 m zurück und binden Sie sie an der Rankhilfe an. Hat der Gerüsttrieb seine vorgesehene Endlänge erreicht, behandeln Sie seine Spitze wie die Seitentriebe. Verkürzen Sie den einjährigen, 30 cm langen Zuwachs auf 5–10 cm. Im Laufe der Jahre entwickeln sich Köpfe, an deren Kurztrieben das meiste Blütenholz sitzt. Vergreisen die Köpfe nach 10–15 Jahren, schneiden Sie deren älteste Verzweigungen heraus.

Korrekturschnitt Wird Blauregen nicht systematisch erzogen oder überhaupt nicht geschnitten, entwickelt er ein unüberschaubares Dickicht. Wenn Sie eine solche Pflanze korrigieren wollen, wählen Sie als Schnittzeitpunkt das späte Frühjahr. Entstehen größere Wunden, verstreichen Sie die Wundränder. Lassen Sie höchstens zwei Gerüsttriebe stehen, und entfernen Sie rigoros den Rest. Schneiden Sie nun, von unten beginnend, die Seitentriebe entlang der Gerüsttriebe auf 10 cm lange Zapfen zurück. Wird im oberen Bereich das Dickicht zu groß, schneiden Sie die Gerüsttriebe einfach an einem Seitentrieb ab. Unter Umständen haben Sie mit dem Korrekturschnitt einen Großteil der Pflanze entfernt. In den kommenden Jahren fahren Sie wie oben beschrieben fort.

Tipp Oft braucht Blauregen Jahre, bis er blüht. Eine Ursache dafür kann sein, dass es sich um einen Sämling handelt. Pflanzen Sie deshalb besser nur veredelte oder aus Stecklingen vermehrte Pflanzen. Außerdem bildet Blauregen erst dann Blüten, wenn sich sein Wachstum beruhigt. Diese Entwicklung fördern Sie, indem Sie im Sommer schneiden und wüchsige Pflanzen nicht düngen oder unnötig wässern. Hilft das alles nicht, führen Sie zu guter Letzt den Frühjahrsschnitt erst nach dem Austrieb durch.

Clematis-Arten und -Sorten

Clematis

WUCHS Kletterer, feintriebig | **HÖHE** 2–8 m
BLÜTEZEIT April–Oktober

Clematis sind Gehölze für kühle Standorte mit sommerfeuchtem, humosem Boden. Vermeiden Sie deshalb eine reine Südwand am Haus oder eine überstehende Dachtraufe mit trockenem Boden. Sie brauchen eine dünne Rankhilfe, da die feinen Ranken sonst abrutschen. Die Basis sollte durch andere Pflanzen oder Steine schattiert werden, damit der Wurzelbereich stets vor Hitze und Austrocknen geschützt bleibt. Welken im Sommer einzelne Triebe, liegt das oft an der Clematiswelke, einer Pilzkrankheit. Sie wird durch Hitze oder Trockenheit gefördert. Entfernen Sie befallene Triebe sofort am Boden. Clematis bilden stets ein dichtes Triebgeflecht. Sie werden deshalb in der Regel auf einer Höhe abgeschnitten. Verholzte Triebe brechen leicht ab, formieren Sie deshalb besser nur die grünen Triebe im Sommer.

Pflanzschnitt Kürzen Sie nach der Pflanzung alle Triebe bis auf ein Knospenpaar über dem Boden ein. Damit fördern Sie die Verzweigung, und die Pflanze verkahlt nicht. Wichtig: Setzen Sie beim Pflanzen das unterste Knospenpaar mit in den Boden. Bricht später ein Trieb ab oder erfriert, treiben diese Knospen als Reserve zuverlässig aus.

Frühjahrsblüher-Schnitt Die Bergwaldrebe (*C. montana*, → Abb. oben rechts) blüht im Frühjahr an einjährigen Trieben. Sie bleibt über Jahre wüchsig. Wird sie zu groß oder vergreist, schneiden Sie sie nach der Blüte auf die Hälfte zurück. Ältere Trie-

Sonne | Halbschatten | Schatten | Blüte an diesjährigen Trieben

be können in der Folge zwar bis zum Boden zurücktrocknen, aber es entstehen im selben oder folgenden Jahr neue Bodentriebe. Zu dieser Schnitt-Gruppe gehören *C. alpina*, *C. macropetala* und einige früh blühende Hybriden wie 'Nelly Moser'.

Frühsommerblüher-Schnitt Diese Clematis blühen ab Juni an einjährigen Trieben (→ Abb. oben links). Eine schwächere Nachblüte erscheint im Hochsommer am diesjährigen Zuwachs. Ein Schnitt nach der Blüte ist nicht sinnvoll, da sich mit den ersten Blüten bereits neue Triebe gebildet haben. Schneiden Sie deshalb im Frühjahr vor dem Austrieb. Entfernen Sie dabei abgestorbene Triebe ganz, und kürzen Sie starke Pflanzen um ein Viertel, schwache um ein Drittel ein. Stufen Sie die Triebe in der Höhe etwas ab, so erreichen Sie eine natürliche Blütenverteilung. Zu dieser Gruppe gehören *C. tangutica* und viele großblumige Hybriden wie 'Dr. Ruppel', 'Königskind', 'Lasurstern', 'Madame Le Coultre', 'Multi Blue' und 'Vyvyan Penell'.

Sommerblüher-Schnitt Diese Gruppe blüht an diesjährigen Trieben (→ Abb. oben rechts). Schneiden Sie deshalb jährlich im Frühjahr vor dem Austrieb die ganze Pflanze auf 30–50 cm zurück. Nur ein starker Schnitt liefert Blüten bis in den Herbst. Zu dieser Gruppe gehören *C. orientalis*, *C. texensis*, *C. viticella* und *C. jackmannii* mit ihren vielen Sorten.

Verjüngungsschnitt Clematis verkahlen oft an der Basis, während am Kopfende ein Triebgewirr entsteht. Nur selten bilden sie von sich aus neue bodenbürtige Triebe. Verjüngen Sie solche Pflanzen durch einen massiven Rückschnitt in das alte Holz. Aus schlafenden Knospen unter der Rinde oder im Boden entstehen dann neue Triebe. Selbst alte Triebe, die oft bis zum Boden zurücktrocknen, bilden oft im folgenden Jahr bodenbürtige Jungtriebe.

Hedera-Arten und -Sorten

Efeu

WUCHS Kletterer, dicht anliegend | **HÖHE** 2–20 m
BLÜTEZEIT September–Oktober

Die meisten im Handel erhältlichen Efeu-Sorten gehören zum Gewöhnlichen Efeu *(H. helix)*. Er hält sich mit seinen Haftwürzelchen fast an jeder Unterlage fest. Barrieren bilden nur glatte Flächen aus Glas, gegen Algenbildung imprägnierte Flächen oder Metallflächen, die sich im Sommer stark erhitzen. Im Gegensatz zu den meisten Pflanzen, die sich ausschließlich zum Licht hin orientieren, wächst Efeu gerne ins Dunkle. Achten Sie deshalb besonders darauf, dass er sich nicht unter Dachverkleidungen drängt und dort Schäden verursacht. Mit einem Blech unter der Dachtraufe, das wie ein Schneckenzaun mindestens 15 cm schräg nach außen und unten absteht, können Sie Efeu bremsen. Die Pflanze kann ein solches Blech nicht überwachsen. Das Blech sollte mindestens 30 cm Abstand zum Dach haben und sehr dicht an der Wand anliegen. Zur Sicherheit können Sie Fugen mit Silikon abdichten.

Efeu muss nicht immer eine ganze Hauswand bedecken. Es kann sehr reizvoll sein, wenn er nur an Teilen der Wand emporwächst und so die Architektur des Gebäudes betont. Eine hübsche Alternative zu unserem Gewöhnlichen Efeu ist der starkwüchsige Irische Efeu *(H. hibernica)*. Er eignet sich aber nur für geschützte Bereiche. In schattigen Lagen wirken buntblättrige Sorten des Gewöhnlichen Efeus wie 'Goldherz' oder 'Glacier' sehr reizvoll – sie bringen Licht und Farbe in den Schatten.

Erhaltungsschnitt Kürzen Sie im Frühjahr bei Bedarf lange Jungtriebe ein, und schneiden Sie Fensterrahmen sowie Regenrinnen frei. Wiederholen Sie den Schnitt bei starkwüchsigem Efeu im Juli. An älteren Pflanzen entwickeln sich Blütentriebe, die zum Teil sehr lang werden und waagerecht vom Untergrund abstehen. Lenken Sie überlange auf wandnahe Seitentriebe um (→ Abb.). So erhalten Sie die Form und verringern das Gewicht.

Verjüngungsschnitt Wird Efeu zu groß oder sind Reparaturarbeiten an einer Wand nötig, können Sie die Pflanze radikal bodeneben einkürzen. Am verträglichsten ist dies im Frühjahr. Allerdings bleiben die Reste der Haftwürzelchen am Putz kleben. Bei schlecht haftendem Putz kann es durchaus sein, dass sich Stücke ablösen.

Tipp Kontrollieren Sie beim Schneiden immer, ob Vögel im Efeu brüten. Um sie nicht zu stören, sollten Sie schon im zeitigen Frühjahr schneiden.

Parthenocissus-Arten und -Sorten

Wilder Wein

WUCHS Kletterer, starkwüchsig | **HÖHE** 8–15 m | **BLÜTEZEIT** Juni–August

Wilder Wein besitzt Haftscheiben, mit denen er sich am Untergrund festhält. Er benötigt daher keine Rankhilfe. Wilder Wein ist geeignet, große Flächen zu begrünen, lediglich auf erhitzten Metallflächen kann er sich nicht halten. Der Schnitt konzentriert sich darauf, Maueröffnungen und Dachkanten frei zu halten. **Sommerschnitt** Schneiden Sie bevorzugt im Sommer, das beruhigt das Wachstum, und bei älteren Pflanzen reicht ein Schnitt pro Jahr. Wilder Wein strebt mit seinen Trieben immer zum Licht – er wächst auch durch Ritzen in Dachziegeln. Entfernen Sie solche Triebe frühzeitig. Der Gewöhnliche Wilde Wein *(P. quinquefolia)* bildet nur ungenügend Haftscheiben aus und kann daher mit einer Rankhilfe in die gewünschte Richtung gelenkt und begrenzt werden.

Lonicera-Arten und -Sorten

Geißblatt

WUCHS Schlinger, dichttriebig
HÖHE 2–6 m | **BLÜTEZEIT** Mai–Oktober

Von Geißblatt gibt es verschiedene Arten und Sorten, die schlingend wachsen und eine Rankhilfe benötigen. Alle lieben einen kühlen, sommerfeuchten Standort. In trockenen Böden werden sie gerne von Läusen befallen. **Erhaltungsschnitt** Geißblatt blüht an ein- und diesjährigen kurzen Seitentrieben. Bei schwachwüchsigen Sorten entfernen Sie im Frühjahr abgeblühte Triebe auf kurze Zapfen am Gerüst. Bei starkwüchsigen Sorten wäre das zu zeitaufwendig. Die noch nicht blühenden Langtriebe schlingen sich schnell ineinander, ein exakter Schnitt einzelner Triebe ist daher nicht möglich. Werden die Knäuel zu dicht, entfernen Sie sie vollständig alle drei bis vier Jahre bis zu den dickeren Gerüsttrieben. Störende junge Langtriebe kürzen Sie im Sommer ein.

Malus domestica-Sorten

Apfelbaum: Rundkrone

WUCHS breit oval, ausladend | **HÖHE** 4–8 m
ERNTEZEIT je nach Sorte August–Oktober

Apfelbäume liefern nicht nur schmackhafte Früchte, sie stellen mit den Jahren auch markante Gestalten im Garten dar. Apfelbäume bilden ihr ergiebigstes Fruchtholz an den kurzen Seitentrieben zweijähriger Langtriebe. Die Vitalität des Fruchtholzes beginnt ab dem dritten Jahr nachzulassen, obwohl sich nach wie vor viele neue Blütenknospen bilden. Der Schnitt dient daher nicht nur dem Aufbau eines stabilen Gerüsts, sondern auch der Erneuerung des Fruchtholzes. Eine Apfelbaum-Rundkrone wird mit einem Mitteltrieb und drei Seitengerüsttrieben aufgebaut. Diese Gerüsttriebe verbleiben lebenslang im Baum. Die Erziehung kann, je nach Wüchsigkeit der Sorte, bis zu zehn Jahre dauern.

Pflanzschnitt Der ideale Baum besteht beim Kauf aus einer geraden Mitte und fünf bis sechs einjährigen Seitentrieben. Legen Sie zuerst die drei Gerüsttriebe fest, und entfernen Sie alle übrigen Triebe. Die Gerüsttriebe sollen in einem Winkel von 45–60° zum Mitteltrieb stehen und gleichmäßig verteilt sein. Damit alle Triebe gleichmäßig versorgt werden, kürzen Sie die Gerüsttriebe auf eine Höhe ein. Starke Triebe schneiden Sie um ein Drittel, schwache um die Hälfte zurück. Beginnen Sie mit dem schwächsten Trieb, er liefert das Maß für den weiteren Schnitt. Die obersten Knospen weisen jeweils nach außen. Dadurch fördern Sie eine breite, gut belichtete Krone. Den Mitteltrieb kürzen Sie so ein, dass er einen Winkel von 90–120° zu den übrigen Gerüsttrieben bildet.

Erziehungsschnitt Die Gerüsttriebe kürzen Sie in den ersten sechs bis acht Jahren jährlich um etwa ein Drittel ein (→ Seite 47, Abb. links). Ist das Wachstum schwach, können Sie zur Anregung auch bis zu zwei Drittel einkürzen. Konkurrenztriebe zu den Gerüsttrieben sowie steile oder nach innen wachsende Triebe entfernen Sie vollständig.

Erhaltungsschnitt Noch während der Erziehungsphase ist die Pflege der Fruchttriebe wichtig. Beginnen drei- bis fünfjährige Triebe zu vergreisen, lenken Sie überhängende Triebe auf schräg nach oben und außen wachsende zweijährige Jungtriebe um (→ Seite 47, Abb. rechts). Fruchttriebe, deren Dicke den halben Durchmesser des Gerüsttriebs überschreitet, entfernen Sie nahe am Gerüst. Apfel bildet häufig Jungtriebe direkt aus dem alten Holz. Diese eignen sich zur Erneuerung des Fruchtholzes; sie werden weder entfernt noch eingekürzt.

Verjüngungsschnitt Die Gerüsttriebe verzweigen sich mit der Zeit an der Spitze besenartig und sinken nach unten. Es gelangt kein Licht mehr in das Innere der Krone, und das Fruchtholz vergreist. Kontrollieren Sie bei solchen Bäumen zuerst, ob das Gerüst noch erkennbar ist. Wenn nicht, legen Sie das Gerüst neu fest und entfernen alle Konkurrenztriebe zu den Gerüsttrieben. Vermeiden Sie dabei jedoch Schnittwunden über 10 cm Durchmesser. Oftmals haben sich auf den Gerüsttrieben parallel zur Mitte mächtige Steiltriebe gebildet. Sie werden immer stärker und lassen den eigentlichen Gerüsttrieb mehr und mehr vergreisen. Solche Konkurrenztriebe entfernen Sie vollständig. Entfernen Sie dann alle weiteren steil in die Krone wachsenden Triebe, und verschlanken Sie zuletzt die Enden der Gerüsttriebe, indem Sie überhängende, verzweigte Besen auf einen weiter innen und steiler stehenden Jungtrieb umlenken. Dieser sollte die Wuchsrichtung des Gesamttriebs aufnehmen.

Zu lange Fruchttriebe lenken Sie auf weiter innen stehende, mindestens zweijährige Triebe um. Sehr starke Fruchttriebe entfernen Sie vollständig zugunsten junger Triebe, die direkt dem Gerüst entspringen.

Es ist gut möglich, dass Sie bei einem sehr vergreisten Baum bis zu einem Drittel der Krone entfernen müssen. Nach der Verjüngung bilden sich dann in den nächsten zwei Jahren viele Neutriebe. Entfernen Sie davon etwa die Hälfte bis zwei Drittel, wenn möglich schon im Sommer. Entfernen Sie vor allem steil und nach innen wachsende Triebe. Flach nach außen wachsende verbleiben als zukünftiges Fruchtholz und werden nie eingekürzt. Bei extrem alten oder ungepflegten Bäumen verteilt man den Verjüngungsschnitt auf zwei oder drei Jahre.

Malus domestica-Sorten

Apfelbaum: Spindel

WUCHS tannenbaumartig | **HÖHE** 2–4 m
ERNTEZEIT je nach Sorte August–Oktober

Spindelbäume wachsen auf schwach wachsenden Unterlagen, brauchen nur 3 m² Fläche und sind deshalb für kleine Gärten geeignet. Sie bestehen aus nur einem Mitteltrieb als Gerüst, von dem flache Fruchttriebe abzweigen. Um die Vitalität zu erhalten, schneidet man jährlich. Spindeln tragen schon nach zwei Jahren, werden aber meist nur 15 Jahre alt.

Pflanzschnitt Ideale Spindelbäume besitzen beim Kauf vier bis sieben gleichmäßig verteilte, flache Seitentriebe, der Stamm ist etwa 60 cm hoch. Die Seitentriebe kürzt man nicht ein. Der Mitteltrieb darf über dem obersten Seitentrieb nicht länger als 50–60 cm sein. Ist er länger, kürzt man ihn ein. Im nächsten Sommer entfernt man die an dieser Schnittstelle entstandenen Neutriebe – die Fortsetzung des Mitteltriebs bleibt stehen.

Erhaltungsschnitt Der Schnitt beschränkt sich darauf, den Mitteltrieb zu verschlanken und steile Triebe zu entfernen. Sehr lange oder überhängende Fruchttriebe lenken Sie auf flach und weiter innen wachsende, mindestens zweijährige Jungtriebe um. Ist ein Fruchttrieb dicker als der halbe Durchmesser des Mitteltriebs, entfernen Sie ihn auf einen 5 cm kurzen Zapfen am Mitteltrieb. Der Zapfen regt Neuaustriebe an und wird später entfernt.

Verjüngungsschnitt Lenken Sie stark überhängende Triebe auf einen flachen und die Mitte auf einen steilen, zweijährigen Jungtrieb um. Überstarke Fruchttriebe entfernen Sie am Mitteltrieb.

Sonne | Halbschatten | Schatten | Blüte an diesjährigen Trieben

Malus domestica-Sorten

Apfelbaum: Spalier

WUCHS streng formal, flächig | **HÖHE** 2–4 m
ERNTEZEIT je nach Sorte August–Oktober

Spaliere erzieht man mit einem Gestell aus einer oder mehreren Etagen mit jeweils 60 cm Abstand. Diesjährige Triebe für das Gerüst binden Sie schräg an das Gestell an, damit sie sich kräftigen. Im nächsten Frühjahr binden Sie sie flach. **Erhaltungsschnitt** An den aus dem Gerüst wachsenden Fruchttrieben kürzen Sie ab Juni den Neuzuwachs ein. Sobald sich an diesen Trieben zehn Blätter gebildet haben, kürzen Sie sie auf vier Blätter ein. Treiben die obersten Knospen erneut aus, kürzt man sie noch einmal auf zwei Blätter. An ihrer Basis bilden die Triebe Blütenknospen, daher kürzt man den ganzen Fruchttrieb im nächsten Frühjahr auf die Blüten ein. An der Spitze der Mitte erscheinende Steiltriebe entfernen Sie bereits im Sommer bis auf einen vollständig.

Malus domestica-Sorten

Apfelbaum: Säulenbaum

WUCHS säulenartig | **HÖHE** 2–3 m
ERNTEZEIT je nach Sorte August–Oktober

Säulen- oder Schnurbäume wachsen fast von allein kompakt. Sie werden mit nur einem Mitteltrieb als Gerüst und kurzen seitlichen Fruchttrieben erzogen. Echte Säulenbäume gibt es nur bei Apfel und Birne. Bei anderen Obstarten handelt es sich um schwachwüchsige Spindelbäume, die durchaus längere Seitentriebe entwickeln können. **Erhaltungsschnitt** Bilden sich steile oder starke Konkurrenztriebe entlang der Mitte, entfernen Sie sie vollständig. Lange oder vergreiste Fruchttriebe entfernen Sie bis auf einen 5 cm kurzen Zapfen am Gerüst. Treibt er im nächsten Sommer mit mehreren Trieben aus, lassen Sie nur einen stehen und entfernen die übrigen. Wird der Baum zu hoch, lenken Sie die Mitte auf einen tieferen stehenden, steil wachsenden Seitentrieb um.

Pyrus communis-Sorten

Birne: Spindel

WUCHS tannenbaumartig | **HÖHE** 2–3 m
ERNTEZEIT je nach Sorte August–Oktober

Birnenspindeln sind auf Quittenunterlagen veredelt. Sie wachsen stärker als Apfelspindeln. Deshalb brauchen sie größere Pflanzabstände als Apfelspindeln, tragen mehr Früchte und werden älter.

Pflanzschnitt und Erziehungschnitt Wie bei Apfelspindeln (→ Seite 48).

Erhaltungsschnitt Halten Sie den Mitteltrieb schlank und entfernen Sie regelmäßig starke und steile Triebe (→ Abb. oben). Kürzen Sie keine Triebe ein. Seitentriebe, deren Durchmesser zu dick wird, entfernen Sie bis auf 5 cm kurze Zapfen. Überlange Fruchttriebe lenken Sie auf weiter innen stehende, waagerecht nach außen weisende zweijährige Triebe um. Achten Sie bei Birnenspindeln stärker als bei Apfelspindeln auf die Erhaltung der Kegelform. Zu lange Fruchttriebe im oberen Drittel des Baums entfernt man deshalb direkt am Mitteltrieb (→ Abb. unten). Dadurch treiben junge Fruchttriebe direkt aus dem Gerüst aus und halten die Baumspitze schlank.

Verjüngungsschnitt Wurde der Mitteltrieb länger nicht verschlankt, wird er oft sehr stark. In der Folge vergreisen vor allem untere Fruchttriebe – je tiefer sie stehen, umso mehr. Damit die Spindel wieder harmonisch wächst, beruhigt man das Wachstum des Mitteltriebs mit einem Sommerschnitt. Die vergreisten Seitentriebe im unteren Bereich regen Sie dagegen mit einem Frühjahrsschnitt zu vermehrtem Wachstum an. Lenken Sie dabei überhängende Triebspitzen auf weiter innen stehende und mit Blütenknospen besetzte Jungtriebe um. Bei Bedarf verschlanken Sie diese. Sehr starke Fruchttriebe entfernen Sie bis auf kurze Zapfen am Mitteltrieb.

Wildtriebe entfernen Aus der Unterlage wachsen immer wieder Wildtriebe der Quitte. Reißen Sie sie schon im Sommer ihrer Entstehung aus. Wenn nötig, graben Sie den Wildtrieb bis zur Wurzel frei.

Prunus domestica-Sorten

Zwetschge und Co.

WUCHS locker aufrecht | **HÖHE** 2–3 m
ERNTEZEIT je nach Sorte Juli–September

Erziehung und Gerüstaufbau von Zwetschge, Mirabelle und Reneklode erfolgen wie beim Apfelbaum. Allerdings wird das Fruchtholz durch einen intensiveren Schnitt stärker angeregt. Zwetschgen und Co. reagieren auf große Wunden mit Eintrocknen und Pilzbefall. Schneiden Sie deshalb regelmäßig, sodass nur kleine Wunden entstehen. **Erhaltungsschnitt** Zwetschgen bilden oft Steiltriebe. Diese und nach innen wachsende Triebe entfernen Sie jedes Jahr im Frühjahr (→ Abb.). **Verjüngungsschnitt** Einige Sorten von Zwetschge, Mirabelle und Reneklode bilden das beste Fruchtholz an zwei- bis dreijährigen Trieben. Nach etwa drei Jahren vergreisen die Fruchttriebe. Lenken Sie solche Triebe im Sommer auf tiefer und näher am Gerüst stehende junge Seitentriebe um.

Prunus avium-Sorten

Süßkirsche

WUCHS locker aufrecht | **HÖHE** 2–4 m
ERNTEZEIT je nach Sorte Juni–August

Süßkirschen blühen an zweijährigen Trieben. Das Fruchtholz ist sehr langlebig. Daher schneidet man Süßkirschen zurückhaltender als andere Obstarten. Pflanz- und Erziehungsschnitt im Frühjahr entsprechen dem des Apfelbaums (→ Seite 46). Man kürzt die Gerüsttriebe bis zum sechsten Jahr ein. **Erhaltungsschnitt** Schneiden Sie nur im Sommer. Entfernen Sie steil stehende Triebe und Konkurrenztriebe der Gerüsttriebe. Süßkirschen treiben oft in Quirlen aus, lichten Sie diese regelmäßig aus. Bei Spindeln entfernen Sie im Sommer Steiltriebe auf kurze Zapfen nahe am Gerüst (→ Abb.). **Verjüngungsschnitt** Bei überalterten Süßkirschen lenken Sie überhängende Gerüsttriebe auf weiter innen stehende, jüngere Seitentriebe um. Große Wunden am Gerüst vermeiden!

Prunus persica-Sorten

Pfirsich und Co.

WUCHS breit trichterförmig | **HÖHE** 2–4 m | **ERNTEZEIT** je nach Sorte Juli–September

Pfirsichbäume fruchten nur an einjährigen Langtrieben mit 20–30 cm Länge. Sie benötigen daher jährlich einen starken Schnitt, um ständig vitales Fruchtholz zu produzieren. Während der Erziehungsschnitt zur besseren Wachstumsanregung im späten Frühjahr erfolgt, wechselt man in der Erhaltungsphase auf den verträglicheren Sommerschnitt.

»Falsche« Fruchttriebe, die kürzer als 15 cm sind, besitzen auf ganzer Länge runde Blütenknospen und an der Spitze nur eine spitze Blattknospe. Sogenannte wahre Fruchttriebe besitzen hingegen an jedem Knospenansatz zwei Blütenknospen und dazwischen eine Blattknospe. Diese Blattknospe ist in der Lage, die wachsenden Früchte an ihrer Seite zu ernähren. Bei falschen Fruchttrieben bleiben die Früchte aufgrund der fehlenden Blätter klein. Die Schnittanleitungen für den Pfirsich gelten auch für die Nektarine.

Pflanzschnitt Pfirsichbäume erzieht man aus vier Seitengerüsttrieben, der Mitteltrieb wird entfernt. Diese sogenannte Hohlkrone ermöglicht den optimalen Lichteinfall für diese Wärme und Sonne liebende Obstart. Beim Pflanzen kürzt man die Seitengerüsttriebe um ein Drittel ein, die oberste Knospe weist nach außen und muss eine Blattknospe sein.

Erziehungs- und Erhaltungsschnitt Die ersten vier Jahre verlängert man die Gerüsttriebe jährlich um 30–50 cm. Falsche oder mehrjährige Fruchttriebe und starke, ins Kroneninnere ragende Triebe schneiden Sie auf 2 cm kurze Zapfen zurück (→ Abb. links). Wahre Fruchttriebe kürzen Sie nicht ein. Pro 10 cm Gerüsttrieblänge lässt man drei wahre Fruchttriebe stehen. Entfernen Sie jährlich insgesamt bis zu zwei Drittel der einjährigen Triebe.

Tipp Wählen Sie Sorten, die gegenüber Pilzen, wie der Kräuselkrankheit, robust sind.

Prunus cerasus-Sorten

Sauerkirsche

WUCHS breit oval, locker | **HÖHE** 2–5 m
ERNTEZEIT je nach Sorte Juni–August

Sauerkirschen fruchten an einjährigen, 10–40 cm langen Trieben. Man erzieht sie als Rundkrone mit einem Mitteltrieb und vier Seitentrieben als Gerüst. Den jährlichen Zuwachs der Gerüsttriebe kürzen Sie in den ersten fünf Jahren jeweils um die Hälfte ein. Führen Sie Erhaltungs- und Verjüngungsschnitte der besseren Verträglichkeit wegen im Sommer durch.

Erhaltungsschnitt Vorrangiges Ziel beim jährlichen Erhaltungsschnitt ist es, Jungtriebe nahe am Gerüst zu produzieren, damit der Baum nicht verkahlt (→ Abb. rechts). Schneiden Sie zuerst Steil- und Konkurrenztriebe der Gerüsttriebspitzen heraus. Ältere, überzählige oder schwache Fruchttriebe entfernen Sie auf 2 cm lange Zapfen am Gerüst. Wenn Sie direkt am Gerüsttrieb schneiden, trocknen die Wunden oft ein, und Jungtriebe bleiben aus. Pro 10 cm Gerüsttrieblänge belassen Sie zwei bis drei kräftige 20–30 cm lange einjährige Triebe. Gerüsttriebspitzen, die nicht mehr verlängert werden, schneiden Sie wie Fruchttriebe.

Verjüngungsschnitt Ältere Sauerkirschbäume bilden überhängende Triebe (Schleppen). Lenken Sie diese auf gerüstnahe Jungtriebe um (→ Abb. links). Triebe mit langen Kahlstellen schneiden Sie auf einen 2 cm kurzen Zapfen am Gerüst. Trocknet der Zapfen ein, wird er im nächsten Jahr entfernt.

Tipp Einige Sauerkirsch-Sorten sind anfällig für Monilia-Spitzendürre, eine Pilzkrankheit. Schneiden Sie befallene Triebe bis ins gesunde Holz zurück. Verbrennen Sie das Schnittgut oder entsorgen es. Wählen Sie bei einer Neupflanzung widerstandsfähige Sorten wie 'Beutelspacher', 'Gerema' oder 'Karneol'. Einige Sorten wie 'Beutelspacher', 'Gerema', 'Koröser Weichsel' oder 'Morellenfeuer' besitzen auch an Kurztrieben Fruchtholz. Man schneidet sie deshalb eher wie Zwetschgen (→ Seite 51).

Rubus idaeus-Sorten

Himbeere

WUCHS aufrecht, dicht | **HÖHE** 1–3 m
ERNTEZEIT je nach Sorte Juni–Oktober

Himbeeren treiben jedes Jahr unverzweigte Ruten aus dem Boden, die man an ein Gestell bindet. Im zweiten Jahr fruchten diese Ruten und sterben im dritten Jahr komplett ab. **Frühsommertragende Himbeeren** Entfernen Sie direkt nach der Ernte abgetragene Ruten sowie überzählige junge. Alle 10 cm lassen Sie einen kräftigen Jungtrieb stehen und binden ihn am Gestell an. Im folgenden Frühjahr kürzen Sie die einjährigen Ruten auf 1,8 m ein (→ Abb.). **Herbsttragende Himbeeren** Diese Sorten fruchten an kürzeren, diesjährigen Trieben. Man bindet sie nicht an, sondern lässt sie durch ein etwa 1,2 m hohes Gitter wachsen. Die Ruten tragen zwar im nächsten Frühsommer noch einmal, bilden aber nur kleine Früchte. Um große Früchte zu erhalten, entfernt man jedes Frühjahr alle Ruten.

Rubus fruticosus-Sorten

Brombeere

WUCHS aufrecht, zum teil langtriebig
HÖHE 2–4 m | **ERNTEZEIT** je nach Sorte Juli–September

Brombeeren brauchen wie Himbeeren eine Rankhilfe. Bei einem Pflanzabstand von 3 m bilden sie jedes Jahr mehrere bis zu 5 m lange Neutriebe. Davon lässt man jährlich fünf bis sieben kräftige Ruten stehen. **Erhaltungsschnitt** Entfernen Sie alle übrigen und schwachen Triebe bereits im Sommer. Brombeeren bilden an ihren starken Ruten im selben Sommer noch lange Seitentriebe. Binden Sie auch diese an. Im nächsten Frühjahr schneiden Sie die Seitentriebe auf drei Knospen zurück. Dann kürzen Sie die Haupttriebe auf höchstens 3 m ein und binden sie flach übereinander an der Rankhilfe an. Abgeerntete Triebe entfernen Sie direkt nach der Ernte. Kurztriebige Sorten wie ‘Nessy’ oder ‘Navaho’ pflanzen Sie auf 2 m Abstand und lassen bis zu zehn 2 m lange Triebe stehen.

Sonne | Halbschatten | Schatten | Blüte an diesjährigen Trieben

Ribes rubrum var. *domesticum*-Sorten

Rote Johannisbeere

WUCHS aufrecht, sparrig | **HÖHE** 1–2 m
ERNTEZEIT je nach Sorte Juni–Juli

Rote Johannisbeeren erzieht man als Strauch mit zehn bis zwölf Gerüsttrieben. Sie besitzen das beste Fruchtholz an einjährigen, 10–15 cm langen Seitentrieben. **Erhaltungsschnitt** Pro 10 cm Gerüsttrieblänge lassen Sie im Frühjahr einen einjährigen Fruchttrieb stehen, den Sie nicht einkürzen. Alle anderen Seitentriebe entfernen Sie auf 2 cm kurze Zapfen. Aus ihnen wachsende Triebe ergeben im nächsten Jahr die Fruchttriebe. Verzweigungen im oberen Bereich der Gerüsttriebe lenken Sie auf tiefer stehende, einjährige Triebe um. Ersetzen Sie jedes Jahr zwei ältere Gerüsttriebe durch einjährige, kräftige Bodentriebe. Die übrigen lichten Sie aus (→ Abb.). **Verjüngungsschnitt** Entfernen Sie über zwei Jahre alle Gerüsttriebe bodeneben und bauen den Strauch neu auf.

Ribes uva-crispa-Sorten

Stachelbeere

WUCHS überhängend, feintriebig
HÖHE 0,5–1,5 m | **ERNTEZEIT** je nach Sorte Juni–Juli

Stachelbeeren fruchten am besten an 10–20 cm langen einjährigen Seitentrieben. Man erzieht und schneidet sie wie Rote Johannisbeeren (→ oben). Weil sie aber deutlich schwächer wachsen, liegen die Gerüsttriebe oft unter der Last der Früchte am Boden auf. Deshalb verwendet man nur die kräftigsten einjährigen Bodentriebe als Ersatz für ältere Gerüsttriebe. **Erhaltungsschnitt** An den Gerüsttrieben lässt man pro 10 cm Länge einen einjährigen Seitentrieb stehen. Alle übrigen und älteren entfernen Sie auf 2 cm kurze Zapfen am Gerüst. Ist zu viel Fruchtholz vorhanden, bleiben die Früchte klein. Überlange oder instabile Gerüsttriebe lenken Sie regelmäßig auf tiefer stehende, nach außen weisende Seitentriebe um. **Tipp** Nur mehltauresistente Sorten pflanzen!

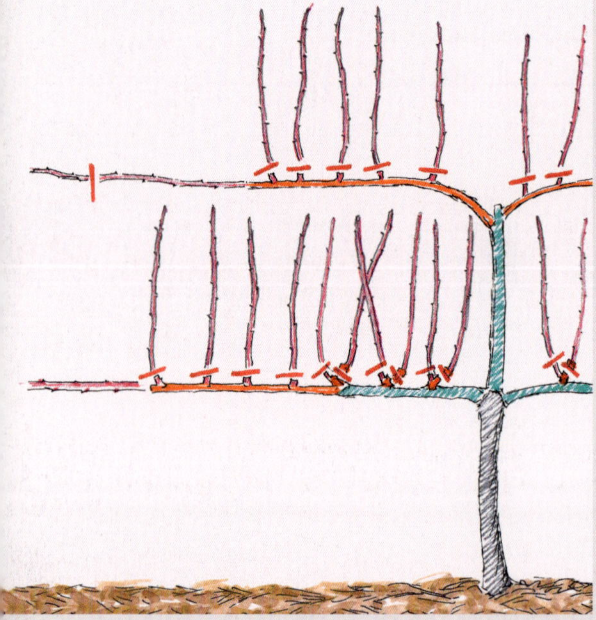

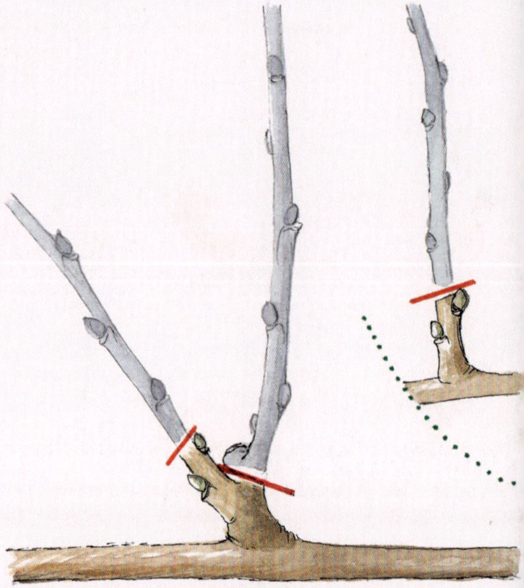

Vitis vinifera ssp. *sativa*-Sorten

Weinrebe

WUCHS rankend, starkwüchsig | **HÖHE** 3–6 m
ERNTEZEIT je nach Sorte September–Oktober

Weinreben benötigen eine stabile Stütze. Man erzieht sie mithilfe eines jährlichen Schnitts streng mit Gerüst- und seitlichen Fruchttrieben.

Erziehungsschnitt Damit ein Gerüsttrieb auf ganzer Länge mit Seitentrieben besetzt ist, kürzen Sie ihn jedes Jahr auf 1 m Länge ein und binden ihn an. Sind mehrere Etagen vorgesehen, lassen Sie einen Gerüsttrieb sich verzweigen und ziehen jeden »Arm« jährlich weiter (→ Abb. links). Die Etagen mit den Drähten sollten mindestens 60 cm Abstand zueinander haben.

Sommerschnitt Im ersten Sommer wachsen aus den Knospen einjähriger Gerüsttriebe Seitentriebe, an denen sich im unteren Bereich meist zwei Trauben entwickeln. Hat der Trieb bis Juli 10–15 Blätter entwickelt, kürzen Sie ihn auf zwei bis vier Blätter über der zweiten Traube ein. So fließt die Energie in die Trauben und nicht in übermäßiges Triebwachstum. Aus den obersten Knospen entstehen bis August neue Triebe, diese brechen Sie regelmäßig aus.

Frühjahrsschnitt Im nächsten Frühjahr verlängern Sie bei Bedarf die Gerüsttriebe. Kürzen Sie abgetragene Fruchttriebe auf zwei Knospen ein (→ Abb. rechts). Aus ihnen entstehen zwei neue Fruchttriebe. Sind am älteren Holz im letzten Jahr zwei Fruchttriebe entstanden, entfernen Sie den oberen äußeren und lassen nur den unteren, gerüstnahen Trieb stehen, den Sie auf zwei Knospen einkürzen. So wachsen nur zwei hochwertige Fruchttriebe pro Ansatz.

Sonne | Halbschatten | Schatten | Blüte an diesjährigen Trieben

Actinidia deliciosa-Sorten

Kiwi

WUCHS Schlinger, starkwüchsig | **HÖHE** 2–8 m
ERNTEZEIT Oktober

Kiwis erzieht man ähnlich wie die Weinrebe. Da sie aber frostempfindlicher sind, formt man ein kleineres Gerüst als bei der Weinrebe. Aus diesem Grund schneidet man Kiwis auch spät im Frühjahr. Die Pflanze blutet anschließend zwar stark, wird aber zu diesem Zeitpunkt weniger von Frost geschädigt. Das Gerüst besteht bei Kiwipflanzen aus einem senkrechten Mitteltrieb, von dem waagerechte Seitengerüsttriebe abzweigen. Verlängern Sie diese Gerüsttriebe jedes Jahr um höchstens 1 m. So ist gewährleistet, dass auf ganzer Länge Knospen austreiben. Aus den Knospen entspringen die Fruchttriebe. Die Blütenanlagen wurden im Vorjahr gebildet. Die Blüten erscheinen nun im unteren Bereich entlang der diesjährigen Austriebe.

Sommerschnitt Diese fruchtenden Triebe kürzen Sie im Sommer auf 1 m ein. Entstehen unterhalb der Schnittstellen Neutriebe, brechen Sie sie vollständig aus. Dadurch bleibt die Pflanze überschaubar, und es entsteht kein Wirrwarr aus Trieben (→ Abb. oben). **Frühjahrsschnitt** Im folgenden Frühjahr schneiden Sie die abgetragenen Fruchttriebe auf 5 cm kurze Zapfen zurück. Verzweigen sich die Zapfen im Laufe der Jahre, dürfen Sie diese belassen. Der Schnitt ist weniger streng als bei der Rebe (→ Abb. unten). **Verjüngungsschnitt** Lässt nach sechs bis acht Jahren die Vitalität merklich nach, lenken Sie ältere Fruchttriebe oder vergreiste Zapfen nahe am Seitengerüsttrieb auf einen jüngeren Trieb um. Diesen kürzen Sie auf 5 cm ein. Vergreist ein ganzer Seitengerüsttrieb, lenken Sie diesen auf einen nahe dem Mitteltrieb wachsenden Jungtrieb um, den Sie anschließend auf 1 m einkürzen und flach anbinden. **Tipp** Bei Kiwis gibt es männliche und weibliche Pflanzen, deshalb brauchen Sie zwei Pflanzen, wenn Sie Früchte möchten.

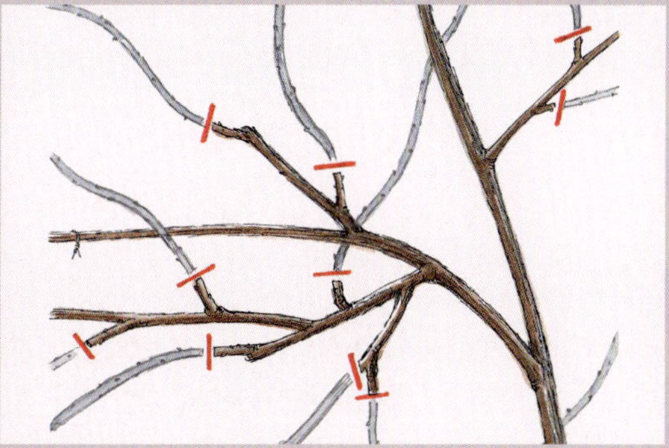

Deutscher Name	Botanischer Name	Jan.	Febr.	März	Apr.	Mai	Juni	Juli	Aug.	Sept.	Okt.	Nov.	Dez.	Auf Seite
Felsenbirne	*Amelanchier*-Arten													23
Sommerflieder	*Buddleja davidii*													28
Buchs	*Buxus*-Arten													34
Hainbuche	*Carpinus betulus*													16
Bartblume	*Caryopteris* x *clandonensis*													31
Clematis, sommerblühend	*Clematis*-Arten und -Sorten													43
Bergwaldrebe	*Clematis montana*													42
Clematis, früh-sommerblühend	*Clematis*-Arten und -Sorten													43
Forsythie, Goldglöckchen	*Forsythia* x *intermedia*													22
Zaubernuss	*Hamamelis*-Arten													23
Efeu	*Hedera*-Arten													44
Hibiskus	*Hibiscus syriacus*													29
Hortensien	*Hydrangea*-Arten													26, 27
Lavendel	*Lavandula*-Arten													30
Geißblatt	*Lonicera*-Arten													45
Zierapfel	*Malus*-Arten													25
Gewöhnlicher Wilder Wein	*Parthenocissus quinquefolia*													45
Rhododendron	*Rhododendron*-Arten													33
Rosen, einmalblühend	*Rosa*-Sorten													38
Rosen, öfterblühend	*Rosa*-Sorten													38
Gewürzsalbei	*Salvia officinalis*													31
Spiräe, frühjahrsblühend	*Spiraea*-Arten													22

Ziergehölze Obstgehölze

Deutscher Name	Botanischer Name	Jan.	Febr.	März	Apr.	Mai	Juni	Juli	Aug.	Sept.	Okt.	Nov.	Dez.	Auf Seite
Flieder	*Syringa vulgaris*													24
Eibe	*Taxus*-Arten													17
Thuja	*Thuja*-Arten													17, 32
Blauregen	*Wisteria*-Arten													40
Kiwi	*Actinidia deliciosa*-Sorten													57
Spalierobst	Alle Arten und Sorten													49
Apfel	*Malus domestica*-Sorten													46, 48
Süßkirsche	*Prunus avium*-Sorten													51
Sauerkirsche	*Prunus cerasus*-Sorten													53
Zwetschge	*Prunus domestica*-Sorten													51
Pfirsich	*Prunus persica* var. *persica*-Sorten													52
Birne	*Pyrus communis*-Sorten													50
Rote/Weiße Johannisbeere	*Ribes rubrum* var. *domesticum*-Sorten													55
Stachelbeere	*Ribes uva-crispa* var. *sativum*-Sorten													55
Himbeere, Frühsommer tragende	*Rubus idaeus*-Sorten													54
Himbeere, herbsttragende	*Rubus idaeus*-Sorten													54
Brombeere	*Rubus fructicosus*-Sorten													54
Weinrebe/Tafeltraube	*Vitis vinifera* subsp. *sativa*-Sorten													56

Kernschnittzeit   Schnittzeit

Die **halbfett** gesetzten Seitenzahlen verweisen auf Abbildungen.
UK = Umschlagklappe

Schnittkurse

Schnittkurse veranstalten Gartenakademien, Volkshochschulen, Obst- und Gartenbauvereine und Kleingartenvereine. Informationen erhalten Sie außerdem bei den Beratungsstellen der Landwirtschaftskammern und Landratsämter, in größeren Städten bei den Garten- und Umweltämtern.

› www.gartenbauvereine.de
› www.kleingarten-bund.de

Wichtige **Hinweise**

› Einige Pflanzen besitzen Dornen bzw. Stacheln oder sind hautreizend. Tragen Sie beim Schnitt dieser Pflanzen vorsichtshalber Handschuhe.

› Tragen Sie auch bei der Arbeit mit Gartenscheren, Sägen oder Heckenscheren Handschuhe.

› Führen Sie Kabel immer hinter Ihrem Rücken.

› Achten Sie darauf, dass Leitern stabil stehen.

› Suchen Sie bei Verletzungen umgehend einen Arzt auf oder rufen Sie die Notrufnummer 112 an. Eventuell muss genäht werden oder es ist eine Tetanusimpfung nötig.

› Halten Sie Kinder bei Schneidearbeiten fern.

› Bewahren Sie Schneidegeräte für Kinder und Haustiere unzugänglich auf.

› Arbeiten Sie nicht mit rostigen oder stumpfen Schneidegeräten. Es besteht Verletzungsgefahr.

Bezugsquellen

Gehölze:

› Bund deutscher Baumschulen, BdB
Bismarckstraße 49
25421 Pinneberg
www.bund-deutscher-baumschulen.de

› Bundesfachsektion Baumschule, Schauflergasse 6
A-1014 Wien
www.baumschulinfo.at

› Verband Schweizerischer Baumschulen, Zürcherstraße 17
CH-5200 Windisch
www.vsb.ch

Adressen von Baumpflegern

› Bundesverband Garten-, Landschafts- und Sportplatzbau
Alexander-von-Humboldt-Straße 4
53604 Bad Honnef
www.galabau.de

› Verband GALABAU
Parkstraße 7
A-2563 Pottenstein
www.galabauverband.org

Weiterführende Literatur

› Haas, Hansjörg. Obstgehölze schneiden. Gräfe und Unzer Verlag, München

› Haas, Hansjörg. Ziergehölze schneiden. Gräfe und Unzer Verlag, München

Zeitschriften

› Flora Garten
Gruner & Jahr AG
20444 Hamburg
www.livingathome.de

› Kraut und Rüben
DLV GmbH
Lothstraße 29
80797 München
www.krautundrueben.de

› Mein schöner Garten
Burda Senator Verlag GmbH
Postfach 1520
77605 Offenburg
www.mein-schoener-garten.de

› Garten, Zeitschrift der Österreichischen Gartenbaugesellschaft
Siebeckstraße 14
A-1220 Wien
www.garten.or.at

› Schweizer Garten
Seftigenstraße 310
CH-3084 Wabern
www.schweizergarten.ch

Gartenlust pur.

ISBN 978-3-8338-0530-1

ISBN 978-3-8338-0527-1

ISBN 978-3-8338-1722-9

ISBN 978-3-8338-2211-7

ISBN 978-3-8338-0532-5

ISBN 978-3-8338-0533-2

www.gu.de: Blättern Sie in unseren Büchern, entdecken Sie wertvolle Hintergrundinformationen sowie unsere Neuerscheinungen.

Willkommen im Leben.

Unsere Garantie

Alle Informationen in diesem Ratgeber sind sorgfältig und gewissenhaft geprüft. Sollte dennoch einmal ein Fehler enthalten sein, schicken Sie uns das Buch mit dem entsprechenden Hinweis an unseren Leserservice zurück. Wir tauschen Ihnen den GU-Ratgeber gegen einen anderen zum gleichen oder ähnlichen Thema um.

Liebe Leserin und lieber Leser,

wir freuen uns, dass Sie sich für ein GU-Buch entschieden haben. Mit Ihrem Kauf setzen Sie auf die Qualität, Kompetenz und Aktualität unserer Ratgeber. Dafür sagen wir Danke! Wir wollen als führender Ratgeberverlag noch besser werden. Daher ist uns Ihre Meinung wichtig. Bitte senden Sie uns Ihre Anregungen, Ihre Kritik oder Ihr Lob zu unseren Büchern. Haben Sie Fragen oder benötigen Sie weiteren Rat zum Thema? Wir freuen uns auf Ihre Nachricht!

Wir sind für Sie da!
Montag – Donnerstag: 8.00 – 18.00 Uhr;
Freitag: 8.00 – 16.00 Uhr
Tel.: 0180 - 5 00 50 54*
Fax: 0180 - 5 01 20 54*
*(0,14 €/Min. aus dem dt. Festnetz/ Mobilfunkpreise maximal 0,42 €/Min.)
E-Mail:
leserservice@graefe-und-unzer.de

P.S.: Wollen Sie noch mehr Aktuelles von GU wissen, dann abonnieren Sie doch unseren kostenlosen GU-Online-Newsletter und/oder unsere kostenlosen Kundenmagazine.

GRÄFE UND UNZER VERLAG
Leserservice
Postfach 86 03 13
81630 München

Projektleitung: Anne-Kathrin Wahler
Lektorat: Barbara Kiesewetter
Bildredaktion: Daniela Laußer, Petra Ender (Cover)
Umschlaggestaltung und Layout: independent Medien-Design, Horst Moser, München
Herstellung: Claudia Häusser, Martina Koralewska
Satz: Liebl Satz+Grafik, Emmering
Reproduktion: Longo AG, Bozen
Druck: Firmengruppe APPL, aprinta druck, Wemding
Bindung: Firmengruppe APPL, sellier druck, Freising

Printed in Germany

ISBN 978-3-8338-2213-1

1. Auflage 2012

Umwelthinweis

Dieses Buch ist auf PEFC-zertifiziertem Papier aus nachhaltiger Waldwirtschaft gedruckt.

GRÄFE UND UNZER

Ein Unternehmen der
GANSKE VERLAGSGRUPPE

Der Autor

Hansjörg Haas studierte nach seiner Ausbildung zum Gärtner an der TU München-Weihenstephan Gartenbauwissenschaften. Seit 1992 ist er Fachberater für Obst, Gartenbau und Landespflege. Er gibt Praxiskurse, hält Vorträge und ist auch als Gutachter tätig. Daneben öffnet er seinen Garten, veranstaltet Gartenreisen und ist Autor von mehreren Schnittratgebern.
Weitere Informationen: www.herrenmuehle-bleichheim.de

Bildnachweis

Alle Bilder in diesem Buch stammen von Hansjörg Haas, mit Ausnahme von: Biosphoto: 3-2; Flora Press: 46, U4 mi; GAP: 1, 2, 3-1, 4, 17-2, 42-1, U4 re; Gardenworld Images: 27-1; Hansen: Klappe vorne innen o. li. und Mi.; Michael: Cover; Schneider: Klappe vorne innen u. re.; Visions: 17-1, 27-2

Illustrationen

Heidi Janiček, München

Syndication:

www.jalag-syndication.de